COMO CONSEGUIR UM EMPREGO EM 30 DIAS

PEDRO SILVA-SANTOS

RUMO
EDITORA

A presente edição segue a grafia do novo Acordo Ortográfico da Língua Portuguesa

www.emprego30dias.com
pedro@emprego30dias.com

Redes sociais:
www.facebook.com/emprego30dias plus.google.com/+Emprego30dias-plus
www.linkedin.com/company/como-conseguir-emprego-em-30-dias

Supervisão editorial: Bruno Valente
Autor: Pedro Silva-Santos
Adaptação do texto: Juliana Oliveira
Paginação e capa: Samara Lopez
Capa e logótipo: Ricardo Matias e João Loureiro (Volupio - Estratégias de Comunicação, Lda.)
Fotografia: Ricardo Matias
ISBN: 978-85-8137-012-5
1ª edição: julho de 2018

Nenhuma parte deste livro poderá ser reproduzida sob qualquer forma ou meio, eletrônico ou mecânico, incluindo fotocópia, gravação ou armazenamento de informação, sem o consentimento prévio, por escrito, do proprietário e autor.

© Todos os direitos reservados.

COMO CONSEGUIR UM EMPREGO EM 30 DIAS

PEDRO SILVA-SANTOS

RUMO
EDITORA

Sumário

Prefácio 7
Introdução 9

Dia 1
Como está sua presença na Internet? 13

Dia 2
O seu perfil no Facebook 19

Dia 3
O seu perfil no Google + ... 23

Dia 4
Configure um perfil no LinkedIn 27

Dia 5
Crie uma rede de contatos no LinkedIn 31

Dia 6
Leitura diária recomendada 37

Dia 7
Compartilhe conteúdo relevante nas redes sociais 41

Dia 8
Por que isso está sempre mudando? 45

Dia 9
Leia livros inspiradores 49

Dia 10
Verifique tudo o que criou 57

Dia 11
Crie uma assinatura de *e-mail* e textos padrão 61

Dia 12
Decida o que quer fazer 67

Dia 13
Defina o que quer fazer daqui a 5 anos 73

Sumário

Dia 14
Crie o seu cartão de visitas 77

Dia 15
Aprenda a "quebrar o gelo" – fale com estranhos 85

Dia 16
Dicas para se destacar 89

Dia 17
Prepare e treine o seu "discurso de elevador" 93

Dia 18
Siga empresas nas redes sociais 97

Dia 19
Crie uma lista de empresas para contatar 101

Dia 20
Elabore o currículo e a carta de apresentação 105

Dia 21
Contate as empresas por *e-mail* 115

Dias 22 a 27
Replicar hábitos criados anteriormente 119

Dia 28
Telefone para as empresas 121

Dia 29
Foi chamado para uma entrevista… e agora? 125

Dia 30
Prepare-se para a entrevista 131

O seu primeiro dia de trabalho! 147
Notas finais 155
Agradecimentos 157
Comentários 159

Prefácio

Costumo acompanhar sempre que posso os comentários e as avaliações de nossos livros na Internet, pois acredito que isso me torna mais próximos dos leitores, além de ter um feedback direto sobre o impacto que nossos livros causam na vida das pessoas.

Pouco tempo depois que fizemos o lançamento de um dos nossos best-sellers em Portugal, vejo um comentário um tanto negativo em uma das redes sociais questionando alguns erros existentes na primeira edição e a qualidade do nosso trabalho.

Sei que nem todos aceitam comentários negativos com tanta facilidade e quase sempre a primeira reação é justificar ou rebater. Mas achei o comentário interessante pela sinceridade contida nele. Logo acessei o perfil da pessoa e vi que, não só ela tinha um livro publicado, como o seu conteúdo era bastante interessante.

A primeira coisa que fiz foi comprar o livro dele. Não à procura de eventuais erros também, como você talvez esteja imaginando, mas porque o título de fato me chamou a atenção "Como Conseguir um Emprego em 30 dias". Ao acompanhar o conteúdo que o Pedro Silva-Santos postava nas redes sociais e em seu site, não só fiquei encantado com seus vídeos e posts, como também achei muitas de suas dicas úteis para mim - e olha que eu não estava a procura de nenhum emprego.

Em Portugal tive a oportunidade de almoçar algumas vezes com o Pedro e logo percebi que o que ele era nas redes sociais era também ao vivo. Divertido, inteligente e alto astral. Além de dominar muito marketing e ser um empresário de sucesso.

Não é todo dia que se encontra autores assim, que escrevem bem e que promovem suas obras com afinco - seu livro havia tido uma edição independente.

Logo os planos para a edição do livro no Brasil estavam traçados. E tenho a certeza de ele será muito útil não só para quem está a procura de um emprego, mas para quem quer subir na carreira, sendo empregado ou autônomo, e que deseja novos resultados na vida profissional.

Garanto que você não só achará o livro extremamente útil, suas dicas imensamente valiosas, como ficará deliciado com a escrita e com a maneira divertida com que o Pedro se expressa.

Prepare-se para viver 30 dias incríveis a partir de hoje. E boa jornada de sucesso - qualquer que seja o seu objetivo.

Bruno Valente - Editor
Editora Rumo

Introdução

No final de 2014 recebi um convite para apresentar uma aula na Escola Superior de Tecnologia de Viseu, em Portugal, no âmbito dos estudos de fauna e flora que a minha empresa (NOCTULA – Consultores em Ambiente) tem realizado desde 2009.

Uma vez que já tinha deixado de lecionar no ensino superior há 7 anos, decidi aceitar o desafio para poder voltar a estar em contato com os alunos, mas impus uma condição: pretendia que me dessem a liberdade de perturbar os alunos, de forma construtiva, com alguns dos desafios que eles encontram quando tentam entrar no mercado de trabalho e compartilhar dicas e ferramentas que podem utilizar para conseguirem se destacar dos demais candidatos.

Deram-me liberdade total para fazer o que quisesse e foi nesse momento que estruturei e apresentei o primeiro *workshop* sobre "Como conseguir um emprego em 30 dias". Na primeira edição do *workshop*, apareceram não só alunos do Instituto Politécnico de Viseu, mas também profissionais à procura de inspiração e de estratégias para melhorar a sua carreira, assim como, aposentados com vontade de expandir a sua rede de contatos.

Durante os meses seguintes surgiram diversas oportunidades e convites para repetir o *workshop*. Em pouco tempo **estive com mais de 1200 pessoas**, transmitindo várias dicas, estratégias e ferramentas, promovendo debates e partilhas sobre como desenvolver e alavancar a carreira profissional.

Ao longo dos vários *workshops*, os participantes "queixaram-se" de que eu compartilhava muita informação nova e que estavam tendo dificuldades em assimilar tudo em apenas 3 horas. Alguns me disseram que não conseguiriam executar tudo em apenas 30 dias se não tivessem uma espécie de guia. E foi assim que nasceu este livro, que pretende ser um **guia orientador para todos os que estão dispostos a seguir um plano de 30 dias**, com o objetivo de conseguir atingir os resultados que a grande maioria das pessoas não consegue atingir, mesmo após vários anos de tentativas.

Já houve quem criticasse o título que dei ao *workshop* "Como conseguir um emprego em 30 dias" e me perguntasse se eu garantia emprego a todos os participantes nos 30 dias seguintes! Este livro não foi escrito pensando em quem deseja garantias antes de começar a fazer qualquer coisa. Se pensa que conseguirá um emprego em 30 dias apenas lendo este livro, mude de ideia, porque é possível que essa relação causa-efeito não venha a se confirmar. Apesar de existirem participantes que após frequentarem os meus *workshops* conseguiram emprego em menos de 30 dias, não quero que pense que vou lhe apresentar o mistério nunca antes revelado para conseguir um emprego, em qualquer situação e sem **qualquer tipo de esforço.**

Neste guia, você poderá aprender pequenas **estratégias que deram certo comigo e que são tão universais que têm o poder**

de dar certo com qualquer pessoa que queira se destacar da multidão. Se eu consegui, qualquer um consegue! Eu não sou especial nem sou mais do que qualquer pessoa! Já testei e executei tudo o que compartilho nas próximas páginas e por isso aproveite para aprender com o funcionou e evite repetir alguns dos erros que cometi, e que levaram a alguns fracassos épicos.

Mas afinal, como está estruturado este livro?

Ele está estruturado de modo que você possa trabalhar num único tema por dia.

Por exemplo, durante os *workshops* que tenho realizado, costumo dizer que não faz sentido enviar o seu currículo para nenhuma empresa antes de ter uma presença forte e coerente na Internet.

Não tenha ilusões!

As empresas que receberem o seu currículo irão pesquisar o seu nome ou o seu *e-mail* nas ferramentas de busca como o Google! Se não encontrarem nada a seu respeito e conseguirem encontrar muitas informações relevantes sobre outro candidato que está concorrendo à mesma vaga de emprego, quem ficará em vantagem logo nos primeiros segundos de análise curricular?

Durante um mês proponha-se a trabalhar em um tema por dia. Verificar como está a sua presença na Internet, criar um perfil na rede profissional LinkedIn, utilizar o Facebook para se destacar, aprender a elaborar o seu currículo, conseguir desenvolver estratégias para evitar a secretária ao telefone e aprender a comportar-se em uma entrevista de emprego, são apenas algumas das tarefas que abordo em cada um dos 30 dias deste desafio.

O livro "Como conseguir um emprego em 30 dias" também tem um *site* **www.emprego30dias.com** no qual você terá acesso a toda a informação atualizada e encontrará recursos que lhe facilitarão a organização da sua lista de contatos, a elaboração do *curriculum vitae* em um modelo atrativo para os potenciais empregadores, entre outros. Todas as informações são atualizadas regularmente no *site* e nas redes sociais, incluindo as datas em que acontecerão os *workshops* agendados para os próximos meses.

No final de cada um dos dias deste desafio, você encontrará um *link* que lhe dará acesso ao tema que está lendo, mas em uma vertente mais prática, pois complementa o texto com instruções de trabalho sob forma de imagem, um processo que o ajudará a entender mais facilmente tudo o que é explicado no livro.

Certamente você já pensou em perder peso, deixar de fumar ou aprender algo novo, mas nunca decidiu começar e por isso, nunca conseguiu alcançar o que queria.

Há um provérbio chinês que diz o seguinte:

"O melhor dia para plantar uma árvore foi há 20 anos. O segundo melhor dia é hoje!"

Hoje é um excelente dia para começar algo novo e por isso, comprometa-se com este desafio e compartilhe os resultados comigo pelo *e-mail* **pedro@emprego30dias.com** ou através das redes sociais.

Dia 1

Como está sua presença na Internet?

Quando você pesquisa **o seu nome em uma ferramenta de busca**, por exemplo, no Google, que resultados obtém?

Atenção: É importante que experimente fazer uma pesquisa em modo anônimo, de modo a garantir que os cookies do seu browser não afetem os resultados que vê no seu computador. Esta é a única forma de ver o que os outros usuários vão encontrar quando pesquisarem o seu nome. Por exemplo, no browser "Chrome", clique em Ctrl+Shift+N para fazer uma "navegação anônima" e obterá os resultados que os outros usuários encontrarão.

Ficou com algumas dúvidas sobre como deve proceder? Veja as imagens que preparei para você no *site*:

www.emprego30dias.com/dia1

Alguém conseguirá confirmar as informações sobre você nos resultados apresentados na primeira página de uma pesquisa rápida?

Quem pesquisar o seu nome no Google certamente pretende ler artigos ou comentários escritos por você, ou sobre você. Contudo, é provável que também encontre comentários ofensivos que tenha escrito em um fórum, em um *blog* ou no Facebook.

Então!? **Quando você pesquisa o seu nome no Google, quais são os primeiros resultados que obtém?** É muito provável que a primeira pesquisa não lhe mostre aquilo que esperava... Não se desespere!

Através da pesquisa que você fez com o seu nome, na ferramenta de busca, e dos *sites* e imagens que surgiram como resultado, identificou muitos que nada tinham a ver com você? Surgiram muitos resultados com o mesmo nome, mas referindo-se a outras pessoas? Isso pode indicar que o seu nome é muito comum.

Defina o seu "nome profissional"

A maior parte das pessoas tem um nome extremamente comum, o que torna difícil destacarem-se na Internet. Eu também senti essa dificuldade quando comecei a estruturar a minha presença online, para criar a minha **marca pessoal**.

O meu nome completo é: Pedro Miguel da Silva Santos. "Pedro Miguel" deve ser uma das combinações de nomes próprios mais explorada de todos os tempos em Portugal, competindo com outras combinações, como "José António", "Ana Maria", entre muitas outras. "Silva" e "Santos" são nomes de família totalmente comuns em Portugal e por isso, senti que o meu nome estava condenado ao fracasso logo no princípio. Contudo, decidi testar uma combinação dos nomes de família unidos com um hífen e o resultado foi:

"Pedro Silva-Santos"

Desde então, tenho uniformizado a forma como escrevo o meu nome em todo lugar e isso **tem me permitido aparecer nos primeiros resultados das pesquisas em ferramentas de busca,** sempre que alguém procura "Pedro Silva-Santos".

Repare que eu também podia ter pensado na combinação "Miguel da Silva", esquecendo o meu primeiro e último nome, ou podia optar por utilizar apenas "Silva Santos" o que, na minha área profissional até fica com grande estilo quando o juntamos ao título: "Eng.º Silva Santos"!

Escolha uma **combinação simples e atrativa** para o seu "nome profissional".

Defina corretamente o seu *e-mail*

Agora pesquise o seu *e-mail* no Google. Que resultados obtém?

Depois de definir o seu "nome profissional", você deverá escolher a melhor combinação disponível para o seu *e-mail* profissional. Evite algo como Silva97@..., uma vez que não faz qualquer sentido. Pense! Alguém vai pesquisar "Silva 97" no Google?

Sugiro que utilize o Gmail, o *e-mail* da Google, uma vez que é uma plataforma confiável e de grande capacidade. Além disso, ao abrir uma conta de *e-mail* no Gmail (https://accounts.google.com/SignUp), é automaticamente criado um perfil na rede social Google+, plataforma que abordarei no dia 3 deste desafio.

Se não tiver muitas opções disponíveis para o *e-mail*, você pode encurtar o nome que pretende utilizar. No meu caso, seria normal ter um *e-mail* do gênero: pedro.silva-santos@... No entanto, reconheci que era extenso demais e complexo e que teria muitas dores de cabeça para soletrá-lo ao telefone ou para escrevê-lo sempre que alguém me solicitasse. Assim, decidi encurtar o *e-mail* para pedross@... Por exemplo, tenho conhecimento de uma empresa que usa apenas a primeira letra do nome e do sobrenome de cada colaborador (José Carlos = jc@...), uma opção igualmente interessante para você.

Sempre recordo de uma candidatura espontânea que recebi há alguns anos, de uma recém-licenciada que queria trabalhar em uma das minhas empresas.

O currículo era bastante crível, mas o *e-mail* com que ela se apresentava era, no mínimo, caricato: ratinha69...@...!

Obviamente que não vou compartilhar aqui o *e-mail* completo, mas posso dizer-lhe o que aconteceu a seguir. Pesquisei aquele *e-mail* em uma ferramenta de busca e encontrei fotografias explícitas em um *blog*, pedindo "muita ação"!

Se estivéssemos recrutando colaboradoras para um restaurante erótico, aquela candidata tinha os atributos certos e até já tinha uma rede de fãs bastante significativa! Contudo, não estávamos recrutando para esse fim e por isso, o currículo dela nem sequer chegou a ser arquivado em nossa base de dados.

A sua fotografia e a presença na Internet

Depois de uniformizar a forma como o seu nome e e-mail aparecem escritos, você deve escolher uma única **fotografia que passará a utilizar em todas as plataformas** digitais, nos seus cartões pessoais, no seu currículo, entre outros.

O fato de uniformizar a imagem com que você se apresenta facilitará a sua identificação nas várias plataformas e em diferentes contextos.

Inicialmente, eu tinha esta fotografia nas redes sociais e nos meus cartões de visita:

Quando entregava um cartão com essa fotografia de praia, o riso tomava de assalto o início de qualquer reunião. Era uma **excelente forma de quebrar o gelo.** No entanto, mais tarde decidi alterar a fotografia com que me apresentava, para não parecer que estava me candidatando a uma clínica de estética ou ao cargo de Salva-vidas.

Aproveite para ver atualizações deste tópico no *site*:

www.emprego30dias.com/dia1

Dia 2

O seu perfil no Facebook

Hoje vamos nos concentrar na rede social em que quase todos estão presentes. Os seus ex-professores, o carteiro do seu bairro, ou até mesmo a senhora da limpeza do shopping são pessoas que muito provavelmente têm um perfil no Facebook!

Grande parte das pessoas que juram de pés juntos que nunca estarão no Facebook, mesmo essas, já têm um perfil falso para espiar os "inimigos" ou para ver com quem a sua cara metade interage.

Acredito que você já tenha uma conta no Facebook! Se não tem, comece a criá-la em **www.facebook.com** antes de continuar lendo o que deve fazer hoje para conseguir um emprego em 30 dias.

Podemos avançar?

Muito bem!

Agora que você tem um perfil no Facebook, vou compartilhar algumas dicas para garantir que consiga **se destacar entre o caos de perfis que existem nessa rede social.** Muitas pessoas acham que basta estar presente nas redes sociais para ser encontrado. Em parte, é verdade! Contudo, quem está presente e não contribui com nada que interesse aos outros usuários não conseguirá se destacar! Mas falaremos sobre isso no dia 7 deste desafio.

Durante o dia de hoje, vou lhe ensinar a **configurar o seu perfil no Facebook para que ele se mantenha atrativo** e sempre "limpo".

Vejo regularmente perfis cheios de vídeos de animais de estimação fazendo malabarismos ou publicações de outras pessoas marcando pseudoamigos na esperança de conseguirem mais visualizações... Pense na imagem que esses perfis passam dos seus "proprietários". Um perfil caótico, no qual até os estranhos podem publicar, revela alguém desleixado por não se preocupar com o fato de estar divulgando, muitas vezes sem saber, coisas que não interessam a ninguém.

Quando falo neste assunto há sempre alguém que me diz: *"Eu uso o Facebook para fins pessoais e não para que as empresas me encontrem!"*

Que tolo! Mais um artista que não sabe o que está fazendo!

Pare de pensar na separação entre a vida pessoal e a vida profissional. Você só tem uma vida e por isso não adianta dar nomes às atividades que realiza na vida! Não use frases feitas, que todos gostam de verbalizar, porque senão vai obter o mesmo resultado que essas pessoas obtêm - e que normalmente é pouco mais do que nada!

Eu sei! É assustador ter sido educado para pensar em uma constante batalha entre a vida pessoal e a vida profissional, mas a boa notícia é que isso só existe em sua cabeça e que quanto mais depressa perceber que eu tenho razão, mais rapidamente vai se sentir realizado com tudo o que faz.

Assim, **tenha atenção à forma como você está presente na Internet,** principalmente nas redes sociais, porque isso vai certamente definir o seu sucesso, ou fracasso, em tudo.

Por exemplo, tenho um amigo que não compartilha nada no seu perfil no Facebook, pelo menos de forma consciente, mas que é diariamente marcado em publicações de um estúdio de tatuagens cuja página ele segue. Se visitarmos o perfil dele duas ou três vezes por semana, é difícil não ficarmos mal impressionados ao vermos imagens de caveiras tatuadas nos braços de alguém. Não está em questão o excelente trabalho dos tatuadores, nem de quem decidiu compartilhar essas imagens no Facebook para divulgar o seu trabalho. O perfil do meu amigo é que está um caos, e isso transmite uma péssima imagem sobre ele mesmo. Eu suponho sempre que, quando alguém se apresenta nas redes sociais de forma totalmente caótica, isso só poderá significar que essa pessoa é totalmente desleixada e desorganizada.

Evite que fiquem com essa primeira impressão sobre você quando o encontrarem no Facebook. **O mural do seu perfil é a sua imagem, representando você mesmo enquanto está dormindo.** Assuma-o como uma versão digital de você mesmo!

Você deixaria que os seus amigos decidissem que peças de roupa irá vestir amanhã, arriscando sair de casa vestido como um palhaço? Claro que não!

Você deve restringir todo o tipo de publicações de outras pessoas no seu mural. Para isso, basta configurar as definições de privacidade do seu perfil, restringir quem pode ver as suas publicações e, acima de tudo, quem pode comentar, publicar no seu mural e marcá-lo em fotografias.

Já viu como está o meu perfil no Facebook? Tem apenas as informações que eu compartilho diariamente. Às vezes, as pessoas me marcam em publicações. Nesses casos eu tenho que aprovar se elas ficam ou não visíveis na linha do tempo do meu perfil. Quem decide sou eu!

Veja, no *site* deste livro, como você pode alterar as definições de privacidade de modo a controlar quem pode publicar no seu perfil e quem pode marcá-lo em fotografias:

www.emprego30dias.com/dia2

Outro passo importante é a personalização da URL associado ao seu perfil, tornando mais fácil encontrá-lo nas ferramentas de busca. Para configurar a URL, clique em "configurações gerais de conta" e vá à seção "Geral", na qual poderá personalizar o campo "Nome de usuário".

Ter um perfil no Facebook bem configurado é extremamente importante, uma vez que essa plataforma oferece inúmeras possibilidades de ligação e sincronização com outras plataformas. Por exemplo, sugiro que você aproveite para **configurar uma página no site About.me** (https://about.me/), fazendo login com a sua conta do Facebook. Essa é uma forma rápida e fácil de criar uma curta descrição sobre você, sem ter que pensar no desenvolvimento de um site próprio. A configuração demora menos de 2 minutos, uma vez que a maior parte da informação é extraída automaticamente do seu perfil no Facebook. Agora que você tem um perfil no Facebook bem configurado, está preparado para começar a compartilhar diariamente conteúdo relevante com os seus contatos e amigos. Nos dias 6 e 7, abordarei algumas das fontes de inspiração às quais poderá recorrer diariamente para se tornar uma referência em relação a compartilhamentos nas redes sociais.

Se tiver dúvidas acerca de algumas das configurações que mencionei anteriormente, veja as imagens que preparei para você no *site*:

www.emprego30dias.com/dia2

Dia 3

O seu perfil no Google +

Hoje você vai explorar o Google+, a rede social da Google.
Nos meus *workshops* costumo fazer um exercício interessante.
Peço à plateia o seguinte:
"Levante o braço quem tem uma conta de e-mail no Gmail."
Há sempre muitos braços no ar!
Depois digo:
"Mantenha o braço levantado quem tem uma conta na rede social Google+".
Essa é a parte mais engraçada! Praticamente todos baixam o braço.
O que quase ninguém sabe é que **quando um usuário cria uma conta de e-mail no Gmail, a Google gera automaticamente um perfil para esse usuário na rede social Google+.**
Por existirem tantos usuários alheios a esse detalhe, encontramos atualmente no Google+ muitos perfis sem fotografia, sem atualizações, ou, pior, com publicações automáticas que nem os próprios usuários sabem que lá estão. Em um dos workshops sobre "Como conseguir um

emprego em 30 dias" mostrei o perfil do Google+ de alguém que não tinha fotografia e que apenas tinha compartilhado publicamente um vídeo tentando executar a famosa coreografia gangnam style. Logo de seguida, ouviu-se uma pessoa no público exclamando:

"Oh, meu Deus!"

Estava divulgando, propositadamente, o vídeo que se encontrava no perfil Google+ de alguém que estava na plateia.

Como é que eu sabia que essa pessoa estaria na plateia? Durante a fase em que ocorrem as inscrições nos *workshops* "Como conseguir um emprego em 30 dias", temos sempre acesso ao nome e ao *e-mail* de todos os participantes, e eu gosto de dedicar algum tempo à procura dos piores exemplos para poder destacar! Após pesquisar alguns *e-mails* de quem participaria em um dos *workshops*, verifiquei que um deles era usado como *login* em um perfil sem fotografia que apenas apresentava o nome do usuário e um único vídeo, com o suposto proprietário do perfil tentando executar a famosa coreografia.

Como é que isso acontece sem que os proprietários dos perfis tenham noção?

Acontece porque há mais um detalhe que pouca gente sabe! **Quando você faz o upload de um vídeo para a sua conta do YouTube,** o maior canal de vídeo do mundo, esse vídeo **aparecerá em sua conta do Google+,** caso o e-mail utilizado para fazer o login seja o mesmo! "Espetacular" ou "Oh, meu Deus" são os comentários que normalmente ouço em meus workshops. Nessa fase, os participantes tomam consciência de que possivelmente têm vídeos no YouTube sendo divulgados em uma rede social (Google+). Sendo esta rede social propriedade da Google, todo o conteúdo nela compartilhado é assumido como resultado prioritário nessa ferramenta de busca!

Há muitas pessoas que ainda não se deram conta de que os dispositivos e as plataformas digitais, que têm o mesmo *e-mail* de registro, sincronizam todos os conteúdos quando são colocados *online*, na "nuvem" (*cloud*, como se diz em linguagem de informática).

Particularmente, acho espetacular podermos ter tudo sincronizado. Contudo, gosto de saber que isso acontece para poder decidir o que pretendo que seja visível, de modo a evitar surpresas desagradáveis.

Você já viu o filme "Sex Tape", interpretado pelos atores Jason Segel e Cameron Diaz? Ele retrata uma história interessante, e divertida, que ilustra bem aquilo a que acabei de referir. Veja o filme e entenda como um vídeo íntimo do casal foi sincronizado no iPad da sogra, do carteiro, etc. Além de ser importante definir a forma de se estar presente no mundo digital, há princípios básicos que tem de conhecer e controlar.

Depois de configurar o seu perfil na rede social Google+, comece a classificar os seus contatos em círculos de "Amigos", "Conhecidos", "Colegas", etc. Você pode inclusivamente criar outros círculos que lhe interessem de modo a manter tudo mais organizado. Os círculos servirão igualmente para receber *e-mails* dessas pessoas, em sua conta Gmail, exatamente com as categorizações que fizer.

Se tiver dúvidas sobre a forma como deverá configurar o seu perfil no Google+, veja as imagens que preparei para você no *site*:

www.emprego30dias.com/dia3

Dia 4

Configure um perfil no LinkedIn

Até hoje, o LinkedIn www.linkedin.com é a rede social mais interessante em termos profissionais e, por isso, você deve configurá-la e mantê-la "imaculada" para que possa ser utilizada como o seu currículo *online*.

Em primeiro lugar, você deverá perceber que essa rede social nada tem a ver com o Facebook! Não tem jogos nem lhe oferece a possibilidade de criar álbuns de fotografias. Apenas poderá fazer o *upload* de uma fotografia de perfil (que deverá ser a mesma que utiliza no Facebook e no Google+) e a partir daí, todo o trabalho consistirá em definir quem você é, que cargo ocupa ou ocupou, qual a sua experiência profissional, onde estudou e quais os projetos em que esteve envolvido recentemente.

Ao contrário do que acontece com as redes sociais Facebook e Google+, grande parte dos empresários, diretores de empresas e grandes tomadores de decisão estão presentes na rede LinkedIn, portanto, você deverá utilizá-la com regularidade. Eu mesmo já fiz excelentes contatos e iniciei negócios a partir dessa rede social profissional.

Sugiro que complemente a leitura deste texto com o artigo que preparei para você no *site*, uma vez que as imagens irão ajudá-lo a entender mais facilmente onde se encontra cada uma das opções a que vou me referir:

www.emprego30dias.com/dia4

Você deverá ter os seus contatos bem preenchidos e visíveis (telefone, *e-mail*, endereço, Facebook, Skype, etc...). Se preencher os dados do seu *website* ou *blog*, clique na opção "Outro" para que possa personalizar a forma como aparecerá o título dessa página na seção de contatos. Caso contrário, aparecerá por padrão "*Site* da empresa" ou "*Site* pessoal".

Lembre-se igualmente de personalizar a URL associada ao seu perfil, tornando mais fácil encontrá-la nas ferramentas de busca. Para configurar oa URL, clique no menu "Perfil" e logo abaixo da sua foto tem a possibilidade de editar e personalizar a URL com o seu nome profissional. No meu caso, coloquei .../pedrosilvasantos.

Personalize o que as pessoas podem ver em seu perfil e quem pode vê-lo. Assim, o seu "perfil público" aparecerá nas ferramentas de busca mesmo para aqueles que ainda não têm conta na rede LinkedIn, permitindo que essa rede "trabalhe" para você enquanto dorme.

Caso trabalhe, ou já tenha trabalhado em alguma empresa, você deve escrever corretamente o nome da empresa para que, caso ela tenha uma página na rede LinkedIn, o logotipo apareça diretamente em seu perfil, dando um aspecto muito mais apelativo a essa seção.

Privacidade

Agora que você tem a base do seu perfil preenchida, deve configurar cuidadosamente as suas definições de privacidade.

Dois pontos muito importantes a ter em atenção:

1. Bloqueie a possibilidade de alguém ver a sua rede de contatos;

2. Garanta que ninguém consiga ver quando você adiciona um novo contato ou quando integra um determinado grupo de discussão.

Por que a sua rede de contatos não deve estar visível?

Imagine que você trabalha durante a semana para expandir a sua rede de contatos, e um candidato à mesma vaga de emprego decide reservar duas horas no sábado de manhã para visitar o seu perfil, analisar os seus novos contatos e aproveitar para se "encostar" aos que mais interessam a ele. Nesse caso, você estaria trabalhando de graça para alguém que poderá roubar o seu emprego!

A rede de contatos é, cada vez mais, um bem extremamente valioso que não deverá ser oferecido de "mão beijada" a qualquer pessoa. Costuma-se dizer que "não interessa saber, interessa ter o contato de quem sabe!"

Então, quem pode ver a sua rede de contatos? Se respondeu "Apenas eu", já entendeu o espírito da coisa.

Quem tiver contatos em comum com você, poderá ver apenas a lista de contatos compartilhados. No caso dos grupos de discussão que você integrar, apenas os membros desses grupos deverão conseguir ver que você lá está. Todos os demais profissionais não poderão estar a par dos passos que você está dando diariamente no seu LinkedIn.

Instruções para colocar a rede de contatos privada

Para alterar a visibilidade da sua rede de contatos, você deverá ir às definições da sua conta e clicar em "Definições de privacidade". Quando tentar fazer as alterações que pretende, o LinkedIn lhe pedirá para fazer *login* novamente com o seu *username* e *password*, de modo a garantir que é mesmo você quem está querendo alterar essas definições do perfil.

Em seguida, é apresentada a você uma página com muitas opções. Na seção "Controle de Privacidade", selecione a opção "Selecionar quem pode ver as suas conexões" e depois selecione "Apenas eu" e clique em "Salvar alterações".

É igualmente importante definir o que os outros usuários podem ver quando você visita o seu perfil. Nesse aspecto, o LinkedIn mostra que é uma plataforma muito justa! Caso não permita que os outros saibam que você os viu no LinkedIn, também não conseguirá saber quem viu você, nem ter acesso às estatísticas de visualização do seu perfil.

Pessoalmente, optei por deixar que todos os contatos saibam quando eu visito os seus perfis. Sempre que pretendo verificar algumas informações sem ser identificado, altero temporariamente as definições do meu perfil para me manter "anônimo". Depois de consultar aquilo que me interessa, volto a alterar as definições para garantir que os próximos usuários possam ver que eu os vi. Não custa nada... e não levanta suspeitas sobre aquilo que eu estou tentando ver com a consulta de determinado perfil.

Depois de colocar a sua informação e experiência profissional no perfil, deverá habituar-se a visitar o LinkedIn uma vez por dia para analisar a atividade que começa a ser gerada em torno de você. Aviso-o desde já que essa atividade será nula se você não fizer nada além da configuração do perfil.

Se tiver dúvidas acerca de alguma das configurações às quais me referi anteriormente, sugiro que visite este artigo no qual compartilho algumas imagens que certamente serão úteis:

www.emprego30dias.com/dia4

Caso contrário, continue lendo para entender quais são os passos seguintes neste desafio de 30 dias.

Dia 5

Crie uma rede de contatos no LinkedIn

Depois de ter criado e configurado o seu perfil na rede LinkedIn, você deverá dedicar o dia de hoje à criação e à expansão da rede de contatos, uma das principais razões para estar presente na plataforma.

Lembre-se de que não interessa colecionar contatos de desconhecidos nem de profissionais de áreas totalmente diferentes. Como em tudo na vida, mantenha-se seletivo!

Pode começar convidando os contatos que conheça e que já estejam presentes na rede, como colegas, ex-colegas, ex-professores, alguém que conheceu numa reunião, ou o autor deste livro, por que não? Não se sinta obrigado, mas se quiser poderá me adicionar à sua rede de contatos através do link:

https://pt.linkedin.com/in/pedrosilvasantos

Voce pode encontrar contatos através de vários métodos:

- Enviar convites à sua lista de contatos de e-mail;
- Pesquisar pelo nome da pessoa;
- Pesquisar pessoas que tenham frequentado as mesmas escolas ou trabalhado nas mesmas empresas que você.

Quando participar de um evento profissional, como uma formação ou conferência, lembre-se de que, nos dias seguintes, você deverá adicionar todas as pessoas que conheceu. Pesquise cada um dos nomes, ou e-mails, através da ferramenta de pesquisa do próprio LinkedIn, ou através do Google, uma vez que os perfis no LinkedIn são indexados muito facilmente nessa ferramenta de busca. Por exemplo, se quiser encontrar o meu perfil LinkedIn através de uma ferramenta de busca, você deverá escrever:

Pedro Silva-Santos + LinkedIn

Procure empresas que você tenha interesse em "seguir" como, por exemplo, empresas ligadas à sua área profissional, de modo a passar a receber notificações sobre a atividade delas (como novos projetos, novas vagas de trabalho, formações) em sua página principal. Assim você estará muito mais informado do que os demais candidatos.

Se já trabalhou anteriormente, comece seguindo as páginas das empresas nas quais trabalhou. Depois, procure organizações nas quais trabalham pessoas que você conhece e veja atentamente o perfil de cada profissional, que se encontra na lista de colaboradores associados à página da empresa.

O poder das recomendações

As recomendações reforçam a nossa credibilidade no mundo profissional e são uma das formas mais eficazes de conseguir emprego. Se alguém gostar do nosso trabalho, irá recomendá-lo a outros profissionais. É o famoso poder da publicidade "boca a boca".

No LinkedIn, as recomendações têm o mesmo objetivo: aumentar a credibilidade dos profissionais.

Caso já tenha trabalhado em alguma instituição ou projeto, peça recomendações do seu trabalho a colegas ou ex-colegas, aos seus chefes anteriores ou ao seu chefe atual. Se ainda não trabalhou em nenhuma empresa, pode pedir, por exemplo, recomendações aos seus ex-professores.

Caso receba uma recomendação, devolva esse "gesto" fazendo igualmente uma recomendação séria sobre o trabalho dessa pessoa. Lembre-se de que a recomendação deverá se restringir aos atributos e competências profissionais e não servir de motivo para iniciar conversas de caráter pessoal.

Atenção: Nunca peça recomendações a pessoas que sejam apenas suas conhecidas suas, com quem nunca colaborou. Os profissionais que usam a rede LinkedIn com seriedade se sentirão atacados, e até irritados, por receberem um pedido para fazer uma recomendação profissional de alguém com quem nunca trabalharam diretamente.

Particularmente, até eu já recusei fazer recomendações a vários profissionais com quem trabalhei anteriormente.

Por quê? Por dois motivos:

1. Ainda não conheço suficientemente bem o trabalho desse profissional de modo a poder escrever uma recomendação pública;

2. O trabalho desse profissional é claramente duvidoso e não voltarei a recorrer a ele, por insatisfação com os resultados obtidos anteriormente.

Uma vez que me recuso a escrever publicamente comentários destrutivos, tendo em conta que não se encaixariam no termo "recomendação", prefiro me recusar a escrever o que quer que seja até que o profissional mereça a minha confiança.

Como aumentar as chances de ser chamado para uma entrevista através do LinkedIn

Caso tenha visto um anúncio de emprego que lhe interessa, pesquise no LinkedIn a página da empresa que está recrutando e tente descobrir quem será a pessoa que analisará as candidaturas e realizará as entrevistas. No final do anúncio de emprego, qual é o nome que aparece? O nome do patrão? Isso é comum em empresas muito pequenas (normalmente as melhores para se trabalhar!). Em alternativa, o nome ou e-mail do responsável pelo recrutamento corresponde a alguém ligado ao departamento de recursos humanos da empresa?

Como referi anteriormente, hoje em dia é muito simples pesquisar um e-mail no Google, ou o nome de um colaborador juntamente com o nome da empresa, colocando algo do gênero:

Pedro Silva-Santos + empresa NOCTULA

Caso os profissionais de recrutamento tenham o perfil bem configurado no LinkedIn, não será difícil descobrir quem receberá o seu e-mail, quem atenderá a sua chamada ou quem fará as entrevistas. Se visitar o perfil LinkedIn desse profissional uns dias antes e depois de fazer o primeiro contato, ele verá que visitou o seu perfil e certamente terá curiosidade em pesquisar um pouco sobre você.

Felizmente, nessa fase, você já tem toda a informação disponível em seu perfil e já eliminou do Facebook aquele vídeo constrangedor do último festival de verão em que se lembra de chegar ao local, mas não se lembra como foi embora...

Atenção:
- Evite incoerências ou erros ortográficos em seu perfil.
- É espantosa a quantidade de perfis que podemos encontrar com uma palavra mal escrita, apenas porque a pessoa apertou

a tecla errada enquanto preenchia os dados, e não fez uma revisão adequada antes da publicação. Já vi "Diretpr" em vez de "Diretor", entre outros erros do mesmo tipo. Incrivelmente, esses erros mantêm-se inalterados durante meses, revelando que o proprietário do perfil não tem qualquer cuidado em rever e atualizar regularmente as suas informações;

- Nunca defina o seu cargo atual como "Desempregado". Se você está à procura de trabalho, coloque a sua profissão anterior, ou a sua formação base, nesse campo do perfil.

Nenhuma empresa que esteja contratando, tendo em consideração a experiência profissional, decidirá escolher um candidato que se apresente publicamente dessa forma. Um profissional que esteja temporariamente desempregado, ou à procura de novos desafios, mantém a sua formação base e a experiência profissional anterior: "Engenheiro Ambiental", "Técnico de obras", "Mecânico", entre outras.

Pense sempre que a empresa que irá contratá-lo deverá encontrar em seu cargo e experiência profissional alguma mais-valia. Caso contrário, a menos que a empresa que procura seja alguma instituição de solidariedade social, você não terá a mínima chance de ser contatado para se apresentar em uma entrevista.

Se estiver desempregado, ou em uma fase da vida entre dois empregos, não use isso como "rótulo" para definir aquilo que é, e muito menos coloque essa informação em sua experiência profissional!

Depois de todas essas melhorias na forma como marca presença na rede profissional LinkedIn, é necessário ir analisando os resultados obtidos e o progresso que está conseguindo.

Uma ferramenta interessante, e que pode ser muito útil na análise do seu desempenho, é a seção "Quem viu o meu perfil". Tal como o nome indica, trata-se de uma lista das últimas pessoas que viram o seu perfil. Serão potenciais empregadores? Será alguém que poderá ajudá-lo a chegar ao contato de quem decide as contratações em uma determinada empresa? Se considerar que a sua experiência profissional poderá ser útil a alguma dessas pessoas, deverá enviar-lhes um convite personalizado para tentar integrar a sua rede de contatos. No dia 11 deste desafio de 30 dias, apresentarei alguns exemplos de textos que deverá utilizar para convidar os profissionais no LinkedIn.

Sugiro que visite o *site* deste livro para conhecer mais algumas dicas que o ajudarão a criar e a gerir uma rede de contatos no LinkedIn:

www.emprego30dias.com/dia5

Dia 6

Leitura diária recomendada

É sabido que aquilo que lemos regularmente molda quem somos e, por isso, você deve ler diariamente artigos criativos, estar a par das tendências e das descobertas mais recentes que estão revolucionando o mundo conforme o conhecemos.

Até há alguns anos, só quem tinha dinheiro para viajar é que conseguia ter acesso a novas culturas e a ideias inovadoras. Hoje em dia, é incrivelmente fácil seguir as opiniões de grandes influenciadores mundiais como Barack Obama ou Sir Richard Branson, o cativante empresário e bilionário que fundou o grupo Virgin.

Em outubro de 2012, a rede LinkedIn criou um grupo denominado **"Influenciadores"**. Particularmente, considero a designação brilhante! A rede social pediu aos "Influenciadores" para escreverem regularmente os seus pontos de vista em canais temáticos, inseridos em um canal de notícias denominado por "Pulse". Os canais do "Pulse" apresentam artigos sobre temas como "Liderança e Gestão", "Grandes Ideias e Inovação", "Empreendedorismo e pequenos negócios", "Redes sociais", entre outros.

É possível seguir gratuitamente vários canais do "Pulse" de modo a receber todas as novidades em sua página inicial no LinkedIn. Para saber como pode seguir os vários canais, sugiro que leia o artigo que se encontra no site deste livro:

www.emprego30dias.com/dia6

Particularmente, prefiro ler os artigos do "Pulse" no celular, utilizando o aplicativo "LinkedIn Pulse". Aconselho você a baixar o aplicativo e a tirar as suas próprias conclusões.

Comecei a ler 3 ou 4 artigos do "Pulse" todas as manhãs, durante o café da manhã. Ao fim de algum tempo me dei conta de que essas informações diárias começaram a criar uma corrente de novas ideias em minha cabeça. De repente, eu já estava pensando em testar novos projetos, começava a executar algumas estratégias sobre organização e gestão do tempo, conseguia estar mais à vontade quando abordava pessoas que nunca tinha conhecido anteriormente... A leitura dos artigos do "Pulse" mudou a forma como encaro a vida e os negócios, e tem alterado a minha maneira de pensar e a abordagem que adoto perante os novos desafios.

Por enquanto, uma parte significativa dos "Influenciadores" apenas escreve em inglês, o que pode ser um problema para alguns profissionais que não dominem esse idioma. Contudo, e apesar de defender que todos deverão ter conhecimento, pelo menos, das noções básicas de inglês, considero que não devem deixar de se instruir enquanto apenas conseguem ler artigos em português. Assim, recomendo que você leia diariamente os artigos do portal NOCTULA

Channel www.noctulachannel.com, do qual sou cofundador. Na seção "como vencer", você encontrará a inspiração de que necessita para construir a melhor versão de você mesmo, aquela que fará você se destacar da multidão.

No *site* deste livro, vou compartilhando regularmente novas sugestões de leitura. Visite regularmente este *link*:

www.emprego30dias.com/dia6

Dia 7

Compartilhe conteúdo relevante nas redes sociais

Por que você deve compartilhar ideias interessantes para se destacar nas redes sociais?

Todos gostamos de conhecer as ideias e opiniões de pessoas que consideramos relevantes. Quem compartilha assuntos interessantes nas redes sociais é rapidamente considerado uma pessoa interessante que todos querem "seguir". Se compartilhar conteúdo cativante, que pode ser lido mesmo por quem não o conhece, mostrará que você lê e encontra as ideias mais espetaculares antes de todo mundo, mostrará que é curioso e, acima de tudo, que é boa pessoa, por optar não guardar essas informações apenas para você.

Agora que tem os perfis trabalhando a seu favor em três redes sociais, e vai começar a aparecer em pesquisas nas ferramentas de busca, precisa compartilhar diariamente conteúdo relevante.

Você deve estar pensando: *"Não tenho tempo para produzir conteúdo para compartilhar nas redes sociais!"*. Eu não lhe sugeri que começasse a escrever! Apenas lhe estou pedindo que compartilhe o conteúdo que outros já produziram. É tão simples como clicar nos botões de compartilhamento que quase todos os sites têm e, caso tenha o login efetuado nas várias redes sociais, estará pronto para brilhar! Em menos de 30 segundos conseguirá compartilhar conteúdo no Facebook, no Google+ e no LinkedIn. Incrível, não é?

Prepare-se! Uma vez que os seus amigos não sabem utilizar as redes sociais, para fins profissionais, você poderá começar a receber críticas do gênero: *"Você não tem mais nada para fazer do que passar o dia no Facebook?"*. Mantenha-se firme, isso também aconteceu comigo!

Lembre-se: os seus amigos têm sempre a opção de bloqueá-lo e deixarão de receber as suas publicações!

Quando me encontram na rua, muitos amigos e conhecidos falam das atividades em que eu participei recentemente e me perguntam como correram. Mas, como é que sabem o que eu fiz recentemente? Simples! Sabem porque faço questão de compartilhar minhas atividades profissionais nas redes sociais.

Não compartilho fotos nem informações da minha vida privada;
- Não escrevo nada nas redes sociais com cariz negativo;
- Não tomo posições em comentários sobre temas polêmicos.

Simplesmente me limito a compartilhar conteúdo que possa inspirar outras pessoas! Essa é igualmente a filosofia que rege o portal NOCTULA Channel: *"... o que interessa deve ser compartilhado!"*

Você pode estar se questionando: *"Você não tem opinião sobre as políticas do Governo?"* ou *"Os interesses instalados em algumas áreas não o irritam?"*. Sim, tenho opinião sobre isso e há situações que me incomodam, é natural! Mas não compartilho essas informações nas redes sociais!

Recuse-se a pertencer ao grupo dos "revoltados" ou dos "indignados" da era digital. **Prefira inspirar a mudança em vez de incitar à indignação!**

Lembre-se: sempre que encontrar um artigo sobre um tema interessante, compartilhe-o com todos. Se não quiser procurar em muitas fontes diferentes, deixe-me relembrá-lo que o portal NOCTULA Channel **www.noctulachannel.com** compartilha pelo menos um artigo por dia. Acabaram-se as desculpas para não compartilhar conteúdo relevante!

Sugiro igualmente que você dê um cunho mais pessoal a cada compartilhamento que fizer nas redes sociais. Se reparar em meus compartilhamentos diários, escrevo sempre um pequeno texto do tipo: *"Adoro este projeto"*; *"Espetacular! Também quero ter um…"*. Esse detalhe chama a atenção para o artigo que estou divulgando e torna tudo muito mais interessante.

Quem me conhece sabe que apresento as novidades sempre com grande entusiasmo. Caso me limitasse a compartilhar o artigo nas redes sociais, sem demonstrar qualquer tipo de emoção, isso seria visto pelos outros como apenas mais um compartilhamento.

Sempre que alguém compartilhar ou comentar algo que divulgou, sugiro que coloque um pequeno comentário, um *emoticon* ou simplesmente clique em "Curtir" nesse compartilhamento. As pessoas vão gostar de saber que gastou algum tempo com elas.

Outra forma de **ganhar relevância no mundo digital** é interagindo com compartilhamentos de outras pessoas, tanto com os seus contatos pessoais como com pessoas desconhecidas: em grupos, páginas, *sites* ou *blogs* que segue.

Nos primeiros dias, ou até semanas, é provável que poucas pessoas interajam com as suas publicações, mas em médio prazo você começará a ser reconhecido dentro da rede de contatos como alguém muito ativo, e interessante, que todos quererão "seguir" com atenção.

Visite o *site* para aprender um pouco mais sobre este tema:
www.emprego30dias.com/dia7

Dia 8

Por que isso está sempre mudando?

Desde pequeno que me lembro de ouvir os meus pais dizerem frases do gênero: *"As coisas estão ruins..."*, *"A juventude está perdida!"*

Entretanto, cresci e continuo a ouvi-los dizer que *"As coisas estão ruins..."* e que *"Vai de mal a pior!"*. Contudo, agora também há pessoas da minha geração fazendo o mesmo tipo de comentários.

Acha que nada mudou desde os anos 70 do século XX até à atualidade? Acho que você concorda que mudou tudo, certo? Então porque temos pessoas de gerações diferentes alimentando esse sentimento depressivo, ano após ano?

É muito mais confortável culpar o mundo à nossa volta do que estar sempre desafiando o medo de fazer algo de maneira diferente. As pessoas estão tão formatadas para se queixarem e para culparem os outros que não veem onde está o problema: nelas mesmas!

O mundo está em constante alteração. Aquilo que hoje da resultado, amanhã não funciona mais. Uma excelente ideia hoje poderá não fazer qualquer sentido amanhã e, por isso, você deve abraçar a mudança constantemente, pois ela faz parte do processo de evolução de tudo o que nos rodeia.

Mesmo que você se recuse a querer mudar, o mundo continuará imparável e em breve você será apenas mais um ficando para trás!

A tecnologia se desenvolveu tão rapidamente nas últimas duas décadas que tudo aquilo que conhecíamos como certo praticamente desapareceu. Não há mais empresas que se mantêm grandes para sempre. Não há uma única forma de fazer as coisas e acima de tudo, ao contrário do que existia na época dos meus pais, **não há mais empregos que duram para sempre.**

Sugiro que hoje você reserve o dia para ler um pequeno livro que, espero eu, fará você repensar sua forma de encarar a mudança.

"Quem mexeu no meu queijo?" é uma história de quatro personagens (dois ratinhos e dois humanos) que pretende mostrar que a forma como reagimos às mudanças, e as decisões que tomamos, podem nos levar a uma vida de sucesso, ou de desgraça.

Apesar dos críticos continuarem não percebendo por que tantas pessoas adoram o livro escrito por Dr. Spencer Johnson, alegando que não passa de uma compilação de "clichês" de senso comum, milhões de pessoas em todo o mundo já o leram e relataram as profundas alterações que as suas palavras trouxeram às suas vidas.

Questões como *"O que faria se não tivesse medo?"* e sugestões como *"Cheire o queijo com frequência para saber quando está ficando velho"*, personificam situações que vivemos no dia a dia e que muitas vezes deixamos de lado por estarmos muito confortáveis com a situação que vivemos no presente.

Em um mundo em constante mudança, prepare-se porque *"Eles andam sempre mexendo no queijo"*.

A moral dessa parábola é que **você deve antecipar as mu-**

danças e se adaptar muito rapidamente. Isso fará com que integre a lista de pessoas a quem parece que tudo sempre dá certo, a quem as adversidades parecem nunca "bater à porta".

Leia um pouco mais sobre esse assunto aqui:

<u>www.emprego30dias.com/dia8</u>

Dia 9

Leia livros inspiradores

Ouço constantemente pessoas dizendo: *"Não gosto de ler."*

Eu também não gostava de ler… algumas das porcarias que me obrigavam a ler na escola!

Durante o dia de hoje, vá à livraria mais próxima procurar um livro inspirador. Se não tiver dinheiro para comprá-lo, sente-se e leia-o dentro da livraria!

Aqui ficam algumas sugestões que certamente marcarão a diferença e que o farão passar ao próximo nível:

- ***Viva o ano de seus sonhos* de Ben Arment**

Não está deixando os seus sonhos de lado há tempo demais? Você está preso ao seu emprego atual há mais de 10 anos porque tem o financiamento da casa para pagar? Esse livro é um guia que ensina você a mudar completamente sua vida em apenas 365 dias.

- **Networking de Filipe Carrera**

Um livro que o autor defende como um guia para a *"sobrevivência profissional"*. Nele você encontrará várias dicas muito simples que deverá utilizar para ter sucesso através das redes de contatos.

Mais uma vez, *"não interessa saber fazer, basta ter o contato de quem sabe!"*

- **Nunca almoce sozinho de Keith Ferrazzi com Tahl Raz**

Quantas vezes você está em uma cidade durante vários dias em reuniões sucessivas, à procura de novas oportunidades ou até desfrutando de uma miniférias, e faz as refeições totalmente sozinho?

Segundo o autor desse livro: *"A dinâmica de uma rede de contatos assemelha-se à de um aspirante a estrela de Hollywood: a invisibilidade é um fim pior que o fracasso."*

O mesmo acontece quando você está no intervalo de uma conferência. Keith Ferrazzi defende que *"Os intervalos não são momentos para fazer um intervalo. Os intervalos são os momentos em que o verdadeiro trabalho entra em ação numa conferência".*

- **Reinvente sua empresa de Jason Fried e David Heinemeier Hansson**

O trabalho árduo, a urgência das coisas e as reuniões intermináveis... está tudo errado!

Se pretende ler esse livro e não está receptivo para mudar radicalmente sua forma de pensar e de trabalhar, não o leia, pois ficará certamente muito irritado.

"Ignore o mundo real", *"Vá dormir"* e *"As suas estimativas não valem nada!"* são alguns dos capítulos desse livro que, particularmente, considero brilhante.

- ***30-something and the clock is Ticking (30 e poucos e o tempo está passando)* de Kasey Edwards**

Um livro provocador e orientador que nos ensina o que fazer quando acordamos de manhã e não temos mais vontade de ir trabalhar. Brilhante!

- ***O Poderoso Chefão Corporativo* de Louis Ferrante**

Um livro fenomenal escrito por um ex-membro do clã Gambino, que leu o seu primeiro livro e ganhou o gosto pela leitura durante os anos em que esteve preso.

Frases surpreendentes como *"As paredes têm ouvidos"* ou *"Três conseguem manter um segredo, quando dois estão mortos"* são utilizadas pelo autor para mostrar como, de forma legal, podemos desenvolver as nossas carreiras profissionais sem cair em armadilhas.

- ***Odeio gente!* de Jonathan Littman e Marc Hershon**

Conhece pessoas que roubam seu tempo e sua paciência, mas não sabe como se livrar delas? Esse livro lhe ensina a lidar com essas situações a fim de manter a sua sanidade mental e a melhorar sua produtividade.

- ***Best Practices are Stupid (As melhores práticas são idiotas)* de Stephen M. Shapiro**

O autor defende que grande parte das vezes asfixiamos a inovação e pesquisamos o mercado com as perguntas erradas!

Esse livro mostra que *"Não sobrevivem os mais aptos, sobrevivem os mais adaptáveis"*, *"Solicitar ideias é uma má ideia"*, *"Falhar é sempre uma opção"*, *"A inovação é uma brincadeira de criança"* e *"O sabe-tudo não existe"*.

Um livro brilhante para começar a pensar de forma diferente.

- ***Oportunidades disfarçadas*** **de Carlos Domingos**

Um livro inspirador no qual são apresentadas as ideias que deram origem às empresas que hoje conhecemos como "grandes empresas".
"Sabia que o YouTube surgiu como um site de encontros amorosos?"
"Sabia que o McDonald's é um grande negócio imobiliário?"

- ***O monge que vendeu sua Ferrari*** **de Robin Sharma**

O livro que conta a história de um arrogante e famoso advogado, completamente viciado em trabalho, que acaba sofrendo um infarto. Depois de se recuperar desse episódio que quase lhe causou a morte, o advogado decidiu mudar a vida para sempre.
Um livro inspirador para quem está aberto à autodescoberta!

- ***Reinventando o seu próprio Sucesso*** **de Marshall Goldsmith com Mark Reiter**

Algum dia sentiu que estagnou? Por mais que tente, não consegue sair da mesma situação e acha que a culpa não é sua?
Você deve ler esse livro para perceber que caiu na armadilha dos *"21 hábitos que não o deixarão evoluir"*.
Pare de *"passar os problemas para outra pessoa"*.
Pare de se *"recusar a expressar arrependimento"*.
Deixe de estar *"agarrado ao passado"*.
Pare de *"praticar o favoritismo"*.
Pare de *"inventar desculpas"*.
Pare de *"reivindicar para si crédito que não merece"*.

- ***De Zero a Um* de Peter Thiel com Blake Masters**

Esse é um livro recomendado para quem se sente encantado com a criação de algo novo, algo que ainda não existe, mas que mudará tudo aquilo que conhecemos.

O lendário Peter Thiel, fundador da PayPal e investidor inicial de uma série de empresas hoje mundialmente conhecidas (Facebook, LinkedIn e Airbnb, entre outras), explicou o modo como repetiu os sucessos ao longo da vida, em um pequeno curso na Universidade de Stanford. Um dos alunos do curso compartilhou as suas anotações secretamente na Internet. Contudo, após milhões de visualizações em poucos dias, teve que pedir autorização a Peter para poder continuar a publicá-las.

O livro nasceu dessa forma e é descrito como uma espécie de versão melhorada das anotações desse aluno (Blake Masters).

- ***Trabalhe 4 Horas por Semana* de Timothy Ferriss**

Li esse livro pela primeira vez em 2009, quando fundei minha empresa de consultoria ambiental. Achei-o brilhante, mas na época fiquei um pouco confuso com alguns temas por ainda não entender a importância de reescrever as regras do trabalho para ganhar tempo e poder desenvolver novas ideias, descansar ou fazer aquilo que desejasse fazer!

Voltei a lê-lo em 2015 e percebi como cresci ao longo dos anos. Em 2009 eu trabalhava mais do que trabalho atualmente e os resultados eram muito inferiores! Você tem de abandonar a ideia do trabalho árduo, que tanto incutiram em sua criança, e começar a trabalhar de forma inteligente e organizada.

Ao contrário de alguns comentários que tive a oportunidade de ler, esse não é um livro que incita à preguiça, mas sim um livro inspirador que nos faz questionar tudo o que aprendemos.

Recomendo igualmente que faça visitas regulares ao *blog* do Tim Ferriss para novas atualizações:

www.fourhourworkweek.com/blog

- ***Essencialismo – A disciplinada busca por menos*** de **Greg McKeown**

Quem me dera ter lido esse livro mais cedo!

"Considera que está constantemente atarefado, mas não é produtivo?"

"Costuma dizer sim aos pedidos dos outros apenas para agradar ou evitar problemas?"

A nossa vida vai passando, dizemos *"Sim"* a todos, cada vez temos mais responsabilidades para assumir, mais pessoas para satisfazer, mais atenção a dar a quem nos rodeia e, em dado momento, reparamos que mergulhamos num caos do qual sentimos que não conseguimos sair.

O "Essencialismo" é um movimento que nos ensina a identificar as tarefas que são verdadeiramente importantes na vida e a fazer muito menos, mas muito melhor!

- ***Ainda não tive tempo*** de **Gonçalo Gil Mata (Portugal)**

Há alguns dias, li um artigo que referia algo do gênero: *"Nunca temos tempo para o que necessitamos fazer, mas arranjamos sempre tempo para corrigir o que ficou mal feito na primeira vez!"*

Essa é a verdade, por mais que custe você admitir!

Nesse livro, o autor compartilha uma série de dicas práticas, e de estratégias, para melhorar sua produtividade diária e eliminar o sufoco da "falta de tempo". Admita: na maior parte das vezes, você só não tem tempo para o que necessita fazer porque passa muito tempo distraído com o que não interessa!

Pode encontrar mais sugestões de leitura aqui:

www.emprego30dias.com/dia9

Dia 10

Verifique tudo o que criou

Em apenas nove dias, você estruturou a sua presença no mundo digital e criou as bases que o levarão ao sucesso. Posso lhe garantir que grande parte das pessoas que conhece nunca chegarão sequer a este ponto, a não ser que compartilhe este livro com elas!

Hoje você deverá diminuir o ritmo de criação e de estruturação da sua presença *online* para poder verificar tudo o que criou até agora. Este **processo detalhado e refletido** garantirá que todos os pequenos erros que tenham passado despercebidos anteriormente sejam corrigidos.

Aproveite igualmente para fazer uma análise crítica de toda informação que colocou *online*. Elimine descrições longas e complexas que possam fazer o recrutador perder o interesse. Lembre-se de que toda a informação deverá ser clara e cativante à "primeira vista".

Depois de fazer *login* nas redes sociais, você deverá:
- Verificar cuidadosamente se sua foto, seu nome, sua descrição e seu histórico profissional estão coerentes e livres de erros ortográficos;

- Verificar se todos os compartilhamentos que fez até agora apresentam uma boa construção de frase e estão livres de erros ortográficos. Se encontrar algum erro, edite o texto associado a cada compartilhamento e corrija-o;
- Clicar em todos os *links* (*e-mail*, *site*, *blog*, etc...) para ver se reencaminham o usuário corretamente;
- Verificar se os seus contatos estão corretos em todas as plataformas;
- Verificar se sua informação está aparecendo corretamente em pesquisas nas ferramentas de busca ou se necessita de algumas correções;
- Verificar as definições de privacidade de cada rede social e garantir que está tudo funcionando perfeitamente;
- Visitar os perfis de outros profissionais e verificar aquilo que eles estão fazendo bem na forma como se apresentam. Copie e adapte as abordagens com que mais se identifica... e não invente questões morais acerca desta minha recomendação! Lembre-se de que deverá estar sempre a par daquilo que funciona com os outros para descobrir como poderá ser adaptado à sua realidade;
- Verificar se o seu título profissional está corretamente configurado na rede LinkedIn;
- Verificar se bloqueou o acesso à sua rede de contatos e às atividades que efetua diariamente na rede LinkedIn (*ex.:* novos contatos adicionados, grupos que integrou, etc...);
- Garantir que os seus perfis nas redes sociais têm informação pública suficientemente relevante e interessante para que um recrutador possa, antes da entrevista, ver quem você é;
- Garantir que sua experiência profissional anterior está ligada às empresas nas quais desempenhou determinado cargo e que

isso está bem configurado nas redes sociais, de modo a surgir o logotipo da empresa na frente a cada cargo que ocupou. Atenção: caso a empresa não tenha página criada nas redes sociais, não é possível o logotipo aparecer automaticamente;
- Garantir que a URL com o seu nome foi corretamente personalizada em cada uma das redes sociais (…com/pedrosilvasantos).

Sugiro que complemente a leitura deste texto com o artigo que preparei para você no *site*, uma vez que as imagens irão ajudá-lo a entender mais facilmente onde se encontra cada uma das opções que refiro:

www.emprego30dias.com/dia10

Dia 11

Crie uma assinatura de *e-mail* e textos padrão

Quantos *e-mails* são enviados diariamente sem qualquer informação relativa aos contatos do remetente?

Tantas oportunidades perdidas para se destacar da multidão! É tão irritante querer telefonar para alguém que nos enviou um e-mail e verificar que a pessoa não disponibilizou nenhum contato telefônico! Nesse caso, será necessário enviar um novo *e-mail* solicitando que disponibilize essa informação.

Que perda de tempo!

Se realmente pretende ser contratado para ocupar uma vaga de emprego, porque dificulta o trabalho ao potencial empregador, obrigando-o a se esforçar para conseguir falar com você?

Se passou os 10 dias anteriores estruturando a sua presença no mundo digital, agora você deverá criar uma assinatura de e-mail que permita aos potenciais empregadores verem sua fotografia, ter acesso ao seu contato telefônico e às suas páginas nas redes sociais.

Cada e-*mail* que enviar trabalhará para você!

Parece que consigo ouvir sua voz interior dizendo: *"Tenho mesmo que colocar uma fotografia na assinatura de e-mail?"*. Deixe-me responder com uma pergunta: *Quantos e-mails já recebeu com a fotografia do remetente na assinatura?*

Acho que consigo adivinhar a resposta!

Sinceramente não entendo como as pessoas não têm o mínimo problema em compartilhar fotografias ridículas nas redes sociais, e depois ficam hesitantes em mostrar quem são nos *e-mails* que enviam. Quer continuar perdendo oportunidades de se destacar?

No *site* deste livro, você pode ver como é a minha assinatura de *e-mail*:

www.emprego30dias.com/dia11

Por incrível que pareça, você não necessita de ter conhecimentos de *design*, ou de programação, para poder ter uma assinatura de *e-mail* como a minha. Existem várias ferramentas gratuitas para facilitar a criação de uma assinatura de *e-mail*, com todos os elementos necessários. Por exemplo, em **www.wisestamp.com,** você pode criar gratuitamente sua assinatura de *e-mail* em menos de um minuto!

Depois de escolher o tipo de assinatura que prefere, coloque os seus dados e a sua fotografia, copie o código final e use-o nos campos das assinaturas do Gmail, do Outlook ou de outro software de correio eletrônico. Atenção: lembre-se de que a fotografia da sua assinatura de e-mail deverá ser a mesma que estiver utilizando nas demais plataformas digitais (redes sociais, entre outras).

Textos padrão

Além da assinatura de *e-mail*, você deverá criar um arquivo Word com textos padrão, que servirão de base para vários processos repetitivos que você irá executar a partir de hoje, sistematizando e tornando tudo muito mais eficiente.

Por exemplo: você terá de personalizar a mensagem dos convites que enviar, na rede LinkedIn, para que o destinatário perceba por que deve aceitá-lo na rede de contatos dele. Aqui fica o exemplo que costumo utilizar:

Boa tarde, Eng.ª Maria

Gostaria de integrar sua rede no LinkedIn por acreditar que as valências da NOCTULA podem ser úteis no âmbito dos projetos que está gerindo.

Meus cumprimentos,
Pedro Silva-Santos

Além disso, sempre que um profissional aceitar seu convite, ou convidá-lo para integrar a rede de contatos, você deverá enviar a ele uma mensagem de agradecimento. Veja algumas das mensagens genéricas que utilizo regularmente e que me permitem mudar apenas o nome da pessoa que estou contatando:

Assunto: Agradecimento

Boa tarde, Catarina

Muito obrigado por me adicionar à sua rede de contatos no LinkedIn. Se necessitar de algum apoio ligado à consultoria ambiental, não hesite em contatar-me.

Meus cumprimentos,
Pedro Silva-Santos
Website: www.noctula.pt
Email: pedross@xxxxxxx.pt
Tel.: +351 232 XXX XXX
Visite também o portal NOCTULA Channel: www.noctulachannel.com

Caso esteja agradecendo a alguém que seja próximo, trate a pessoa por "você" e refira algo como *"Espero que vá tudo bem com os seus projetos!"*. Dessa forma, conseguirá tornar a mensagem mais pessoal, o que será bem aceito por seu amigo ou conhecido.

Aqui fica um exemplo simples, baseado no texto que apresentei anteriormente:

Como conseguir um emprego em 30 dias

Assunto: Agradecimento

Olá, Catarina, boa tarde!

Muito obrigado por me adicionar à sua rede de contatos no LinkedIn. Como vão seus projetos?

Se necessitar de algum apoio ligado à consultoria ambiental , não hesite em contatar-me, ok?

Meus cumprimentos,
Pedro Silva-Santos

Website: www.noctula.pt
Email: pedross@xxxxxxx.pt
Tel.: +351 232 XXX XXX
Visita também o portal NOCTULA Channel:
www.noctulachannel.com

Como você deve ter reparado, coloco sempre uma pequena assinatura com os meus contatos diretos e termino com uma sugestão para que visitem o portal NOCTULA Channel. É mais uma forma de divulgar meu trabalho!

Guardo esses textos em um arquivo Word e sempre que necessito enviar convites, ou mensagens de agradecimento, copio e colo o texto e apenas necessito alterar o nome da pessoa a quem me dirijo.

Para que a mensagem fique mais pessoal, você poderá personalizá-la com algumas informações adicionais. Para tal, sugiro que investigue um pouco sobre a pessoa para quem escreve. Visite os perfis nas redes sociais, ou o site da empresa na qual ela trabalha, e conseguirá pequenos detalhes para melhorar o seu texto padrão, dando a ele um caráter mais personalizado. O seu contato assumiu recentemente um novo cargo? Use essa informação adicional para melhorar a mensagem que vai enviar!

Essa forma de fazer crescer a rede de contatos requer algum trabalho, porque obriga você a aceitar e a responder aos pedidos um por um. Contudo, no fim de algum tempo, os resultados começam a surgir.

Pense bem: quantas pessoas conhece que fazem isso? Praticamente ninguém o faz, apenas por ser demorado e trabalhoso. Torne-se um mestre em fazer aquilo que os outros não querem fazer, e verá que essa é mais uma forma de se destacar da multidão!

Imagino que as pessoas que me convidam para integrar sua rede no LinkedIn estranhem o fato de eu visitar o perfil delas e só aceitar o convite alguns dias mais tarde. De fato, primeiro investigo quem é o novo contato, verifico de que forma as minhas valências podem ser úteis a ele e de que forma ele poderá ser útil para mim também. Só depois dessa primeira investigação é que aceito o convite, e envio a minha "resposta padrão", devidamente adaptada ao novo contato.

Você encontrará regularmente mais informações atualizadas aqui:

www.emprego30dias.com/dia11

Dia 12

Decida o que quer fazer

A sociedade tem necessidades que precisam de ser satisfeitas e é isso que gera as oportunidades de emprego. Educação, saúde, alimentação, transportes e comunicação são alguns exemplos das necessidades básicas dos seres humanos. Para que todas estejam acessíveis, é necessário que existam profissionais trabalhando nessas áreas.

Além das necessidades básicas, existe um infinito de exigências que muitas vezes são negligenciadas por quem está à procura de emprego. Aqui ficam alguns exemplos que, apesar de darem origem a profissões estranhas, constituem necessidades do mercado e por isso geram oportunidades de emprego:

- Em Tóquio, por exemplo, existem pessoas responsáveis por colocar o máximo de passageiros que conseguirem em cada vagão do metrô. São os "empurradores de pessoas";
- Em alguns campos de golfe, há pessoas responsáveis por recolher mensalmente as bolas que caem dentro dos lagos;

- As empresas que fabricam desodorantes têm equipes responsáveis por avaliar os odores das axilas de quem experimenta os seus novos produtos.

Sugiro que dê uma olhada nas profissões mais estranhas do mundo aqui:

<u>www.emprego30dias.com/dia12</u>

Optei propositadamente por começar a falar das profissões mais estranhas do mundo para que você perceba que **as oportunidades de emprego são quase infinitas**, o grande problema é que os candidatos normalmente estão sempre à procura do mais óbvio!

Antes de avançar com a elaboração e o envio da sua candidatura a um emprego ao acaso, como possivelmente já deve ter feito anteriormente, procure refletir sobre pelo que você tem **paixão**, aquilo em que é bom, e tentar perceber como pode enquadrar as suas competências em algo que a sociedade necessite.

A tecnologia tem avançado tão rapidamente para nos dar mais conforto e nos tornar mais eficientes ao mesmo tempo que começa a se sobrepor à execução humana de tarefas repetitivas.

Os empregos tradicionais estão desaparecendo... e pode ter a certeza de que nunca mais voltarão a existir! Nunca mais voltaremos à velha forma de fazer as coisas!

Ainda se lembra de quando os pedágios nas estradas eram pagos a alguém que se encontrava fechado, 8 horas por dia, num pequeno cubículo? Em poucos anos, os dispositivos eletrônicos fizeram desaparecer a grande maioria desses empregos, e em breve acabarão com os que ainda restam!

Por quê?

Porque efetivamente encontramos uma forma mais rápida, e cômoda, para pagar os pedágios.

Quando abordo este tema em meus *workshops*, há sempre alguém que diz algo do gênero:

"Então, e quanto ao emprego que foi destruído? É possível que haja pessoas que nunca fizeram outra coisa na vida a não ser cobrar pedágios!"

Deixe-me dar uma notícia que talvez esteja passando despercebida: **Acabaram os empregos eternos!** Habitue-se a essa realidade! Nunca mais existirá a possibilidade de começar a fazer algo aos 20 anos, e de se manter sempre fazendo o mesmo, da mesma forma, até à idade da aposentadoria. Pode parecer triste, mas considero que é bem mais deprimente pensar em fazer a mesma coisa, sempre da mesma forma, durante 40 anos! Felizmente, essa realidade mudou, trazendo novas oportunidades de crescimento.

Eu não consigo me imaginar desempenhando a mesma função durante décadas, para depois descansar dessa longa e cansativa jornada contando cada centavo da aposentadoria até o fim de cada mês! Sejamos realistas, ninguém deseja uma vida assim tão enfadonha! Apesar disso, continuo vendo pessoas seguindo o caminho mais fácil, fazendo apenas o que sabem, sempre da mesma forma, e adiando para amanhã a decisão de se atualizar e de fazer algo para melhorar de vida!

Os nossos pais foram educados com base na ideia de obter resultados a partir do trabalho árduo e da poupança de alguns reais para quando surgir um momento difícil. Os meus pais me educaram dessa forma, mas em certo momento percebi que isso não estava resultando comigo, nem com a maior parte das pessoas que conheço.

Como exemplo, posso relatar uma situação pessoal, que fará você pensar na capacidade de adaptação necessária nos dias de hoje.

O meu pai ficou desempregado quando as vendas de automóveis

começaram a diminuir, ainda antes da crise que assolou Portugal e o mundo, em 2008/2009. Na época, ficamos todos em choque, mas, após algumas conversas, e me lembrando que desde criança ouvia meu pai dizer que um dia gostaria de fazer filmagens e edições de vídeo, me propus a procurar empresas de audiovisual que o pudessem receber gratuitamente durante um ou dois meses. Propus às empresas que oferecessem a ele formação sobre técnicas de filmagem, edição de imagens e de vídeo, etc... Em troca, o meu pai dispunha-se a ajudar no que fosse necessário.

Ainda me lembro de como eu começava a conversa com cada empresa:

"Vai parecer um pouco estranho aquilo que venho pedir, pois normalmente são os pais que pedem emprego para os filhos! Eu estou aqui hoje para fazer exatamente o contrário. Venho pedir que deem uma oportunidade ao meu pai".

A experiência resultou muito bem! Meu pai começou a filmar casamentos, a editar imagens e a exportar os vídeos para DVD, que eram depois entregues aos noivos. Mais tarde, ele começou a filmar festas escolares, no Natal e no dia das crianças, desfiles de carnaval, dentre outros eventos. Era difícil acreditar que o Sr. Alfredo das peças dos automóveis passou a ser agora "repórter" de casamentos, tinha perdido sua barriga saliente e estava mais feliz e sorridente que nunca!

Durante o dia de hoje, esqueça tudo o que sempre pensou sobre trabalho. Abra seus horizontes e agarre as oportunidades. Sua formação base não poderá moldar aquilo que fará para sempre.

Pense no que gostaria de fazer e... avance! Lembre-se: se não sabe o que procurar, é possível que nunca consiga encontrar.

Imagino que esteja ouvindo aquela voz interior dizendo: *"Sou muito velho para ser contratado", "Sempre fiz assim e não conseguirei fazer de outra forma", "Não é fácil", "Tenho medo de não conseguir".*

As pessoas só não conseguem fazer aquilo que querem por se convencerem de que não são capazes (o que é ridículo!), ou por outros as convencerem de que não serão capazes (o que é ainda mais ridículo!).

Sugiro que veja o filme Um Senhor Estagiário, com Robert De Niro e Anne Hathaway. Tenho certeza de que começará a pensar de forma completamente diferente!

Leia mais alguns textos inspiradores no portal NOCTULA Channel www.noctulachannel.com, ou leia outro livro desta lista:

www.emprego30dias.com/dia9

Atualizações sobre este tema podem ser encontradas aqui:

www.emprego30dias.com/dia12

Dia 13

Defina o que quer fazer daqui a 5 anos

Nos *workshops "Como conseguir um emprego em 30 dias"* pergunto sempre aos participantes o que querem fazer daqui a cinco anos para obrigá-los a pensar em seus objetivos a longo prazo.

Pense na seguinte analogia: Quando um avião levanta voo, tem a rota traçada para ir da cidade A à cidade B em um tempo estimado de X horas e Y minutos. Obviamente, muita coisa poderá obrigar o avião a se desviar da rota inicialmente definida: uma tempestade, um dos motores pode parar, um míssil pode atingi-lo e nenhum dos tripulantes sair daquela experiência com vida. Tudo pode acontecer! O mesmo acontecerá em sua vida, mas isso não deve ser usado como desculpa para você não planejar o que quer fazer no futuro.

Nos próximos cinco anos, você pretende conseguir um novo emprego, abrir uma empresa ou trabalhar em uma organização sem fins lucrativos?

Depois de pensar no que quer fazer, e de definir o que pretende conseguir nos próximos cinco anos, comece a esquematizar esse grande objetivo definindo as metas que deverá atingir em cada um dos anos. O que pretende conseguir daqui a um ano? O que terá que conseguir nos anos 3 e 4, para que o seu grande objetivo seja cumprido no final do ano 5? Seja ainda mais rigoroso! Para cada um desses cinco anos, estabeleça as metas que pretende alcançar a cada seis meses. Escreva tudo em um caderno e se comprometa a começar ainda hoje a trabalhar para viabilizar esse grande objetivo. Em cinco anos, você conseguirá mudar para melhor, conseguirá ser especialista em alguma coisa que realmente gosta, conseguirá enriquecer, **alcançará tudo aquilo que quiser** e pelo qual estiver disposto a lutar.

Recebo regularmente *e-mails* de várias pessoas que assistiram aos meus *workshops* e que querem se comprometer comigo a mudar. Sinta-se à vontade para fazer o mesmo!

Envie um *e-mail* para pedro@emprego30dias.com com o assunto: "Daqui a 5 anos serei..."

Fique ciente que eu vou lhe perguntar regularmente acerca do que tem feito para conseguir atingir seu objetivo!

Lembre-se de que para atingir as metas e os objetivos que pretende, deverá se cercar das pessoas certas. Se quer criar uma empresa, ou tem uma ideia para um novo negócio, faça cursos, vá a eventos e a concursos de ideias, uma vez que são excelentes ocasiões para conhecer pessoas com os mesmos objetivos, com quem poderá aprender e evoluir.

Em certo momento, **é possível que perceba que tem estado rodeado pelas pessoas erradas!**

Os meus pais me ensinaram um ditado popular que com certeza você também conhece: *"Diz-me com quem andas e te direi quem és!"*

Quando eu era novo, esse ditado servia para lembrar que deveria tentar me afastar das más companhias. À medida que fui crescendo, comecei a perceber que as pessoas que me rodeavam diariamente influenciavam os resultados que eu obtinha. A famosa frase **"Nós somos a média das cinco pessoas com quem passamos a maior parte do tempo"**, do empreendedor e autor Jim Rohn, faz todo o sentido e é apenas uma forma mais elaborada de transmitir o dito popular que os meus pais tanto gostavam de proferir.

Seus amigos só sabem falar de futebol ou estão sempre revoltados com tudo o que os rodeia? As suas amigas vivem uma vida de inveja e de intrigas? A solução é se afastar gradualmente dessas pessoas até que elas deixem de sentir sua falta.

Além disso, se recuse a participar de grupos do tipo "Revoltados no Facebook", "Desempregados", "Indignados…". Fazer parte desses grupos nas redes sociais só atrairá para você mais revolta e indignação, e não acredito que isso lhe traga nenhuma oportunidade de emprego, nem nada de bom!

Conhece alguém pessimista, que vive os dias cheio de tristeza, que compartilha sua revolta nas redes sociais e que ao mesmo tempo é extremamente bem-sucedido na vida? Claro que não! Então por que permite estar cercado de pessoas sem nenhuma perspectiva de futuro? Apenas por que são seus amigos de infância ou familiares próximos? Eu sei que pode parecer chocante, mas muitas vezes as pessoas nem precisam mudar os seus objetivos, só precisam mudar quem os rodeia! Acredite!

Sugiro que complemente a leitura deste texto com o artigo que preparei para você no *site*:

www.emprego30dias.com/dia13

Dia 14

Crie o seu cartão de visitas

Apesar de vivermos em uma época cada vez mais tecnológica, continua sendo imprescindível ter algo físico que o identifique, para que possa, em momentos de *networking*, entregar a um potencial empregador ou parceiro de negócios.

A maioria das pessoas utiliza atualmente os *e-mails* e o celular para guardar os novos contatos, mas poucos estão habituados a utilizar os cartões eletrônicos (vCard), normalmente enviados pelo Outlook.

Quando criei minha empresa de consultoria, inicialmente optei por não criar nenhum cartão pessoal físico, enviando os meus contatos por *e-mail* a todos os potenciais clientes. Apesar disso ser extremamente prático, rapidamente comecei a perceber que estava me excluindo de um dos rituais que tem sempre lugar no início de cada reunião: **a orgulhosa troca de cartões pessoais.**

Como eu não tinha nenhum cartão pessoal para entregar, ficava sempre com a responsabilidade de contar a história sobre o fato de a

NOCTULA, como empresa de consultoria ambiental, ter optado por manter sua pegada ecológica reduzida, através do envio dos contatos por e-mail. Apesar de aparentemente essa desculpa ser bem aceita pelos presentes, comecei a perceber que talvez estivesse perdendo uma oportunidade, e decidi passar a fazer exatamente o contrário. Em vez de estar sempre explicando por que não tinha cartões pessoais, por que não passar a explicar o porquê dos nossos cartões serem tão diferentes dos cartões normais?

Neste momento, você deve estar pensando: mas eu estou à procura de emprego, não de clientes! É exatamente a mesma coisa... **A sua entidade empregadora será o seu cliente e pagará mensalmente por seus serviços.** Quantos candidatos se apresentam aos potenciais empregadores com um cartão pessoal? Acho que é muito fácil adivinhar a resposta!

Decidi então, que tinha de criar um cartão pessoal. Comecei à procura de ideias na Internet e encontrei algumas bastante originais.

Antes de continuar lendo este artigo, recomendo que se inspire em algumas dessas ideias aqui:

www.emprego30dias.com/dia14

Gostou das ideias que compartilhei com você?

Pessoalmente fiquei muito empolgado com algumas delas e gostei do fato de alguns cartões pessoais terem utilidade como, por exemplo, o cartão do dono da loja de bicicletas que também pode ser utilizado como ferramenta. Gostei igualmente da ideia que esteve na base do cartão pessoal do advogado especialista em divórcios, com a informação repetida nos lados direito e esquerdo do cartão e dividida por um picotado para que os futuros divorciados possam ficar com metade do cartão cada um... Grande parte das ideias que encontrei eram cativantes, mas tinha de arranjar uma forma de criar um cartão para a NOCTULA que se destacasse dos restantes.

Reparei que todos os cartões que recebia nas reuniões eram muito parecidos e praticamente nenhum tinha fotografia. Decidi não só colocar uma fotografia no cartão, o que infelizmente continua a ser uma raridade nos cartões pessoais atuais, como ir além em termos de provocação… coloquei uma fotografia de praia, com os cabelos molhados!

Eis o meu primeiro cartão de visitas:

Sim, o meu primeiro cartão também tinha algo no verso, ao contrario da maioria dos cartões, que são apenas impressos de um dos lados.

A partir desse momento, sempre que iniciava uma reunião, instalava-se um momento de animação e descontração por causa da fotografia do meu cartão de visitas!

Percebi que **tinha conseguido momentos de atenção extras por causa do meu cartão de visitas**, mas em determinado momento decidi que queria experimentar algo diferente. Resolvi abandonar a minha foto de praia e começar a utilizar uma foto mais profissional, com alguns ícones visuais em vez de texto (ícones que simbolizam a minha presença em cada rede social), mas continuava sem saber qual a função adicional que deveria incluir no cartão.

Dia 14 - Crie o seu cartão de visitas

Como passava grande parte do meu tempo em reuniões formais, com novos clientes ou parceiros de negócios, comecei a notar que existe uma sequência de movimentos que os profissionais adotam quando recebem um cartão. Se ainda não se deu conta da existência deste ritual, eis os passos que você também deverá cumprir sempre que lhe entregarem um cartão de visitas:

Passo 1: Receber o cartão de visitas e levantá-lo lentamente até o nível dos olhos;

Passo 2: Olhar fixamente para o cartão, durante dois ou três segundos, enquanto continua ouvindo a pessoa falando, e acenar ligeiramente com a cabeça em sinal de aprovação;

Passo 3: Virar o cartão lentamente para ver se ele tem alguma informação no verso. Não mostrar frustração caso não tenha;

Passo 4: Colocar o cartão na mesa e mantê-lo intacto até o final da reunião, momento em que ele deverá ser guardado com cuidado em um porta cartões.

Reparei que quando alguém está olhando para um cartão em mãos, a pessoa que está à sua frente imediatamente reage, caso o cartão tenha algo impresso no verso. A reação natural da pessoa será virar o cartão para ver o que está no verso. Foi assim, com base nesse comportamento natural, que comecei a pensar que poderia criar um efeito surpresa.

Pensei:

– O que aconteceria se a pessoa que viu o verso do cartão que está nas mãos da pessoa à sua frente, virasse o exemplar que eu lhe entreguei e constatasse que o dela tem um verso diferente?

– O que aconteceria se o verso fosse diferente em todos os cartões?

– O que aconteceria se eu optasse por colocar imagens irrealistas e uma pergunta estranha no verso de cada cartão?

Essas foram as ideias que decidi testar, mas quis ir ainda mais longe! Criei um conceito em que as imagens presentes no verso dos cartões fossem suficientemente estranhas para que a pergunta associada deixasse o receptor curioso para saber a resposta. Assim, em grande parte das reuniões passou a ser gerada uma discussão sobre as imagens e as perguntas estranhas dos meus cartões, exigindo uma explicação da minha parte para não parecer que sou louco!

O que eu digo às pessoas cada vez que lhes entrego o meu cartão de visitas é o seguinte:

"Se colocar as perguntas estranhas do verso do cartão em uma ferramenta de busca (ex, Google), encontrará facilmente a resposta. Surpreendentemente, o primeiro resultado que encontrará durante a pesquisa é uma página do site da NOCTULA, no qual terá a oportunidade de ver que os serviços que prestamos é a resposta que procura".

Aqui ficam alguns exemplos dos meus cartões de visita:

Dia 14 - Crie o seu cartão de visitas

Você deve estar questionando: como conseguiram fazer tudo isso de modo que a página da NOCTULA apareça logo em primeiro lugar em uma pesquisa no Google?

Muito simples!

Utilizamos todas as técnicas que compartilhei até agora para conseguir que o conteúdo produzido pela NOCTULA seja bem classificado pelas ferramentas de busca... e agora temos a ferramenta trabalhando para nós mesmo enquanto dormimos!

Não acredita?

Experimente pesquisar no Google a seguinte pergunta que aparece no verso de um dos meus cartões:

"Como é que os animais atravessam as autoestradas?"

Que resultados obteve?

A imagem de um animal atravessando uma faixa de pedestres em uma autoestrada é algo irrealista e nos faz pensar! Não faz qualquer sentido ver uma faixa de pedestre em uma autoestrada! Não faz sentido ver um animal selvagem atravessando a autoestrada em uma faixa de pedestres! Mas, de fato, como os animais conseguem atravessar uma zona fragmentada pela construção de uma autoestrada e na qual existem vedações que os impedem de entrar diretamente na via, por questões de segurança?

A imagem e a pergunta são suficientemente estranhas para **deixar as pessoas curiosas** para saber a resposta! A resposta satisfará a curiosidade de quem recebeu o cartão e terá um papel pedagógico, porque vai ensinar que, nesse caso específico, existem passagens superiores e inferiores construídas nas autoestradas para que os animais possam atravessá-las em segurança. A pessoa ficará igualmente sabendo como a minha empresa consegue informar as concessionárias das rodovias sobre os melhores locais para a colocação dessas estruturas durante a fase de projeto e de construção da estrada, e terá acesso a alguns dos estudos e projetos que já realizamos neste âmbito. Está captando a ideia?

Depois de entregar o meu cartão de visitas em uma reunião, normalmente consigo que ignorem os cartões de todos os outros participantes! Sem ofensa a ninguém, nem falsas modéstias, mas a vida funciona melhor para quem pensa nesses detalhes!

Ahh! Quase me esquecia de mencionar que normalmente tenho de oferecer vários cartões diferentes a cada participante, pois eles ficam encantados com a forma como tudo se interliga!

Resumindo: **os cartões de visitas são obrigatórios e têm de se diferenciar.** Caso contrário, não estarão trabalhando para você e é muito provável que acabem na lata de lixo! Sugiro que se inspire em novas ideias aqui:

www.emprego30dias.com/dia14

Dia 15

Aprenda a "quebrar o gelo" – fale com estranhos

Nos tempos da Universidade, tive um colega especialista em "quebrar o gelo" com as mulheres! Ele desenvolveu uma técnica espetacular. Aproximava-se da beldade que queria conhecer, com uma postura corporal confiante, e dizia:

"Você é irmã da Cecília, não é?"

Falhava sempre! Nunca ninguém tinha uma irmã chamada Cecília! Elas estranhavam e diziam:

"Deve ter me confundido com outra pessoa!".

Em tom de brincadeira, ele respondia:

"Ups, desculpa! É que você é mesmo parecida com uma pessoa que eu conheço, tem o mesmo cabelo espetacular e um rosto lindíssimo... podia jurar que é irmã dela! Peço desculpa pelo atrevimento."

Ele sorria e lhe virava as costas. Ela ficava pensando naquilo e o seu ego ficava nas alturas nesse dia. A armadilha estava montada!

Nos dias seguintes, sempre que via a suposta "irmã da Cecília", o meu amigo acenava discretamente, sorria, piscava o olho e dizia *"Olá!"*. Dias mais tarde, cruzavam-se em um corredor e ele, com aquele jeito simpático, dizia:

"Diz à Cecília que o filme tal já está no cinema e que tenho dois bilhetes para este sábado à noite!"

Não havia mais conversa e cada um seguia o seu caminho com um sorriso de orelha a orelha. O resto da história você já deve imaginar... Posso lhe adiantar que esse meu amigo é atualmente casado com uma das "irmãs da Cecília".

Você também terá de começar a falar com frequência com estranhos. Sim, sei que é provável que os seus pais lhe tenham dito infinitas vezes: *"Não fale com estranhos!"*.

Esqueça! Isso faz sentido para protegê-lo quando é criança, mas seja realista, você já não tem mais 10 anos e ninguém irá querer raptá-lo! A partir de determinada idade, você tem de começar a falar com todo mundo, principalmente com estranhos. Mas lembre-se: não seja interesseiro! Fale com todo mundo independentemente do estatuto social. Mostre interesse genuíno pelas pessoas, quer seja o funcionário que lhe serve o café da manhã ou a empregada da limpeza do shopping center. **Aumente o grupo de pessoas que sabem quem você é**, e o que você faz, e um dia começará a colher frutos dessa "atitude rebelde".

Sugiro que leia um artigo espetacular que preparei para você sobre o tema:

www.emprego30dias.com/fale-com-um-estranho

Pense em uma forma de, mantendo o seu estilo muito próprio e sem ser ofensivo ou muito espalhafatoso, conseguir abordar qualquer pessoa.

No artigo que recomendei anteriormente, você encontra uma das grandes técnicas para conseguir "quebrar o gelo" com qualquer pessoa que não conhece: **falar com a pessoa como se fosse seu tio, ou seu primo!** Esqueça que a pessoa ainda não o conhece! Era essa a técnica utilizada pelo meu colega na universidade, para conhecer as "irmãs da Cecília".

Se encontrar alguém famoso, fale com ele como se não o reconhecesse! Mais uma vez, suponha que é um primo seu. Os famosos estão tão habituados a ser assediados, e importunados, que não têm mais paciência para quem os reconhece na rua. Caso ele fique com a sensação que não o reconheceu, irá "baixar a guarda" e começará a falar com você com a maior naturalidade.

Tão fácil, não é?

Mantenha-se atualizado sobre o tema aqui:

www.emprego30dias.com/dia15

Dia 16

Dicas para se destacar

Se já aplicou todas as dicas que leu até agora, não tenho dúvidas que começará a se destacar da multidão.

Pense:

– Quantas pessoas têm os perfis devidamente preenchidos nas redes sociais?

– Quantas pessoas leem e compartilham diariamente conteúdo relevante?

– Quantos *e-mails* você recebe com assinatura completa, incluindo foto, dados de contato e links para os perfis nas redes sociais?

– Quantas pessoas personalizam o convite que enviam através da rede LinkedIn?

– Quantas pessoas agradecem aos que aceitam o seu convite no LinkedIn?

– Quantos cartões pessoais já viu com fotografia?

– Quantas pessoas conhece que são casadas com uma das "irmãs da Cecília"?

… e a lista de questões é interminável!

Dia 16 - Dicas para se destacar

É muito provável que a resposta às perguntas anteriores seja: "Poucas" ou "Nenhuma"!

Hoje é um dia especial. É o dia em que você vai se sentar para pensar em tudo o que conseguiu criar até agora e como isso o diferencia dos outros.

Desfrute da simplicidade e da sutileza da diferença. Talvez já tenha percebido que **criar a diferença não dá muito mais trabalho do que ser igual a todos os outros.** Certamente já percebeu que para ser diferente não precisa ser extravagante, precisa apenas começar a dar atenção a pequenos detalhes que talvez estejam "adormecidos", e se sentir bem cada vez que alguém lhe disser que você é "diferente"!

Eu optei por colocar um hífen entre os meus nomes de família e com isso consigo ter um diferencial. Optei por deixar crescer o cabelo e a barba porque me dava mais "pinta" quando tocava guitarra e cantava com a minha banda de rock. Esse "ar de rock", ou de "Jesus Cristo", como já me chamaram, também me torna diferente e isso não passa despercebido. Contudo, se toda essa "pinta" não fosse verdadeiramente confortável para mim, iria transparecer como algo forçado sempre que abordo as pessoas.

Sempre me lembrarei do dia em que me reuni, pela primeira vez, com um grande cliente da minha empresa de consultoria e ele me olhou, de cima a baixo, com aquele ar de quem pensava:

"Ok, mande entrar o seu chefe para falar comigo!"

Certamente ele não estava esperando que o chefe fosse alguém parecido com Jesus Cristo e que decidisse se apresentar na reunião sem terno e gravata.

Resultado: Ganhamos o projeto e nos tornamos consultores daquela empresa em novos projetos.

Seja verdadeiro. Seja espontâneo.

Mantenha boa aparência, pele limpa e sem oleosidade. Mantenha os lábios e as mãos hidratadas, é horrível apertar as mãos de alguém que nos faz uma esfoliação completa na pele por ter mãos tão ásperas quanto uma lixa.

No caso das mulheres, devem dar muita atenção às unhas! Se pinta as unhas, mantenha-as sempre bem pintadas.

Em termos de personalidade, comece a deixar sua marca por onde passa! Não tenha medo de dar sua opinião, mas se recuse sempre a entrar em discussões com idiotas que apenas gostam de temas com teor negativista. O mesmo se aplica a tudo o que você publica nas redes sociais. Por mais que deteste o Governo, não compartilhe publicamente sua opinião. Isso desencadeará uma série de reações que não trarão nada de novo, nem farão cair o Governo! O mesmo se aplica à religião, aos princípios de conservação da natureza, aos direitos dos animais, ao fanatismo pelos clubes de futebol, dentre outras questões. Nunca lance discussões sobre temas polêmicos só para ter atenção. Se precisa de atenção, arranje um cachorro ou se registre em um site de encontros!

Veja como são compartilhadas as ideias no portal **NOCTULA** Channel www.noctulachannel.com. Tudo o que é compartilhado tem como único objetivo contribuir para o esclarecimento e divulgação de determinadas ideias. Quem escreve no portal **NOCTULA** Channel, compartilha sua paixão e o gosto por ideias e projetos inovadores, na expectativa de que isso ajude as outras pessoas a formar uma opinião mais embasada, sem despertar nelas os piores sentimentos, como revolta ou vontade de falar mal.

A partir de hoje, tudo vai mudar para você. Você irá se recusar a falar mal só porque os outros também falam mal, deixará de se queixar apenas porque os outros se queixam, e nada de ter paciência para ouvir, seja quem for, se lamuriando ou lançando veneno em todas as direções! É possível que você perca alguns amigos por deixar de aturar as eternas lamúrias deles, mas terá mesmo de deixá-los para trás já que não o ajudarão a conseguir nada de relevante na vida. Não se preocupe, os seus futuros ex-amigos ficarão bem, pois haverá sempre outros lamuriosos dispostos a ouvi-los...

Atreva-se a pensar, a sentir e a agir de forma verdadeiramente diferente e verá que os resultados que obtém passarão a ser totalmente diferentes!

Consulte mais informações sobre este tema em:

www.emprego30dias.com/dia16

Dia 17

Prepare e treine o seu "discurso de elevador"

O presidente de uma das empresas nas quais você gostaria de trabalhar está praticando esportes no parque da cidade. Que grande oportunidade para "quebrar o gelo" e falar com ele, certo? Se ainda tiver dúvidas sobre como pode fazê-lo, volte a ler o capítulo referente ao dia 15 deste desafio:

www.emprego30dias.com/dia15

Certamente você já passou pela situação de estar em um determinado local e se encontrar com alguém com quem gostaria de falar. O que normalmente acontece?

Fica nervoso, mas tenta manter a compostura. Mantém-se calado durante algum tempo, enquanto sua cabeça tenta organizar as ideias que permitam iniciar a conversa e prender a atenção da outra pessoa. Contudo, normalmente você não consegue verbalizar nada, antes do seu potencial contato virar as costas. Na melhor das hipóteses até poderá conseguir dizer alguma coisa, mas mais tarde ficará pensando: "Esqueci-me de lhe dizer isso ou aquilo...", "Poderia ter dito igualmente que..."

Agora imagine que, ao contrário da maioria das pessoas, você conseguiu reter a atenção do seu potencial contato, mas colocou tudo a perder quando ele lhe perguntou:

"O que você faz?"

Normalmente as respostas a essas perguntas são tão fracas que nunca prendem a atenção, por se basearem apenas em descrições de funções, títulos, enfim... "Sou engenheiro".

"Que bom... felicidades!" – dirá, ou pensará, o seu contato, o que significa *"Quero lá saber disso! Sai daqui e me deixa em paz"*.

Como tudo na vida, **o melhor remédio para evitar desperdiçar oportunidades consiste em estar bem preparado.**

Depois de saber o que pretende fazer, e porque deseja tanto que essa oportunidade se concretize, você tem de estruturar o chamado "discurso de elevador". Esse discurso, como o próprio nome indica, terá que conter toda a informação que pretende transmitir de modo a criar interesse, empatia e uma boa primeira impressão.

Mas **em que consiste efetivamente o discurso de elevador?**

O discurso de elevador consiste em uma resposta de 30 segundos à pergunta *"O que você faz?"*. A resposta deverá estar tão bem estruturada, que funcionará perfeitamente sem recorrer a qualquer folheto ou apresentação multimídia. Aqui fica um exemplo para ajudá-lo a estruturar o seu discurso de elevador:

1. – **Apresente-se:** sou consultor na área ambiental, com experiência no licenciamento de grandes projetos (*ex.* indústrias, parques eólicos);

2. – **Faça uma pergunta e aguarde um pouco antes de responder:** Sabia que há aves morrendo por colidirem com as pás das turbinas eólicas?

3. – **Responda à sua pergunta** com uma descrição clara acerca do que faz, começando com **"Eu faço"** e terminando com "Dessa forma". Aqui fica um exemplo: **Eu faço** estudos que permitem conciliar os projetos dos meus clientes com a conservação da natureza. **Dessa forma**, garanto que os projetos cumpram a legislação ambiental e sejam aprovados pelas autoridades competentes.

Assim, para o exemplo anterior, a resposta à pergunta "O que você faz?" seria:

"Sou consultor na área ambiental, com experiência no licenciamento de grandes projetos (ex., indústrias, parques eólicos).

Sabia que há aves morrendo por colidirem com as pás das turbinas eólicas?

Eu faço estudos que permitem conciliar os projetos dos meus clientes com a conservação da natureza. Dessa forma, garanto que os projetos cumpram a legislação ambiental e sejam aprovados pelas autoridades competentes".

Os seus contatos têm de se sentir cativados e apaixonados por você... Sim, completamente apaixonados por você e pela forma como se descreve. Acha que alguém irá se apaixonar por você apenas ao analisar o seu currículo? Bem, depende do tipo de fotografia que enviar!

Em última análise, esqueça que está discursando para conseguir um emprego, para conseguir um salário! **Apresente-se de forma apaixonada e todos irão se apaixonar por você.**

Pratique o seu "discurso de elevador" em frente ao espelho ou perante um amigo. Você deverá ter esse discurso tão interiorizado que nunca mais ficará sem palavras quando lhe perguntarem: *"O que você faz?"*

Veja outros exemplos de "discursos de elevador" aqui:

www.emprego30dias.com/dia17

Dia 18

Siga empresas nas redes sociais

Agora que tem os perfis nas redes sociais bem estruturados, você deverá começar a utilizar essas plataformas para estar a par das novidades que são divulgadas pelas empresas nas quais gostaria de trabalhar.

Existem várias páginas genéricas, na rede social Facebook, que divulgam regularmente vagas de emprego em grandes empresas. Contudo, não acho interessante que você foque apenas nesse tipo de páginas, pois atualmente há mais de 700.000 pessoas fazendo exatamente o mesmo. Como certamente você já se deu conta ao ler este livro, **não deverá seguir o caminho mais óbvio** como todos fazem, pois obterá os mesmos maus resultados de que todos se queixam.

Procure empresas nas quais gostaria de trabalhar e siga-as nas redes sociais. Cada vez que essas empresas divulgarem um novo projeto, ou uma vaga de emprego, você saberá!

Mesmo quando as empresas não estão recrutando novos colaboradores, estão abertas a receber candidaturas espontâneas. Muitas vezes, quando uma empresa inicia um novo projeto, existem novas vagas de emprego. Nessas situações, normalmente as empresas pesquisam novos colaboradores nas bases de dados em que arquivaram todas as candidaturas espontâneas, que foram recebendo ao longo do tempo. Se constatar que a empresa vai iniciar um novo projeto, e que você tem as competências necessárias para assumir uma potencial vaga de emprego que venha a ser criada, facilite a vida ao recrutador e "faça a sua parte"... Entende o que eu quero dizer com isso? Se não entendeu, a vaga de emprego será ocupada por outra pessoa!

Esteja atento a todas as oportunidades e descobrirá que a maior parte delas não são anunciadas como "vaga de emprego" ou "recrutamento de novo técnico". Se estiver centrado apenas nas vagas de emprego que aparecem nos jornais, ou nos portais de emprego, estará desperdiçando o seu tempo... e raramente obterá resultados.

Ao **seguir a atividade das empresas nas redes sociais**, poderá descobrir workshops, ou conferências gratuitas, que elas organizam e transformar esses momentos em excelentes oportunidades para conhecer pessoalmente alguns dos membros da equipe. Todos sabemos que esse não é o caminho mais rápido, e óbvio, mas não descarte a possibilidade de estabelecer uma ligação com os membros das equipes onde gostaria de trabalhar.

Chamo a atenção para o fato de no Facebook ser necessário configurar as "Notificações", ou algo do gênero, depois de clicar em "Curtir" na página de uma empresa. Essa é a única forma de garantir que você receberá as novas informações sobre a empresa em sua página inicial. Agora já entende por que segue várias páginas no Facebook e não recebe notificações sempre que é divulgada uma nova publicação?

Veja aqui onde deve clicar para receber todas as notificações das páginas que lhe interessam:

www.emprego30dias.com/dia18

No caso das páginas de empresas nas redes sociais LinkedIn e Google+, é tudo muito mais simples! Basta clicar em "Seguir" para passar a receber informações sobre a empresa. Essa diferença está relacionada com o fato de o Facebook pretender que as empresas paguem para que as suas publicações sejam destacadas na página inicial do perfil dos seus seguidores, enquanto as demais redes sociais assumem que, a partir do momento em que o usuário clica em "Seguir" na página de uma empresa, ele está interessado em ser notificado sempre que surgirem novas publicações dessa empresa. Isso nos parece óbvio, mas os modelos de negócio de cada rede social são muito distintos!

Depois de seguir empresas nas redes sociais, habitue-se a interagir nas publicações que considerar mais relevantes. **Comente, mostre-se interessado** naquilo que está sendo divulgado e começará a ser valorizado perante os potenciais recrutadores.

Cuidado! **Evite bajular as empresas** nas redes sociais. Acompanhar e comentar moderadamente é muito diferente de fazer ataques de "Curtir", ou de deixar comentários em todas as publicações da empresa. Não queira passar de admirador a perseguidor!

Uma vez mais, o segredo está na moderação.

É tão raro alguém mostrar interesse genuíno por aquilo que as empresas compartilham nas redes sociais, que quem o faz começa a ser alvo de comentários, muito positivos, entre os colaboradores dessas empresas. Esse pode ser o primeiro passo que lhe facilitará a tarefa de se apresentar em uma próxima conferência que a empresa organizar! O caminho mais difícil estará percorrido muito antes de você chegar ao evento. Quando conhecer pessoalmente os membros da equipe, com quem tem interagido através da página da empresa nas redes sociais, será muito mais fácil que todos o aceitem como alguém especial e que digam: *"Este é o nosso maior fã e embaixador nas redes sociais!"* Mais informações sobre este tema aqui:

www.emprego30dias.com/dia18

Dia 19

Crie uma lista de empresas para contatar

Dia 19 - Crie uma lista de empresas para contatar

Ouço regularmente esta afirmação: *"Já enviei o meu currículo para mais de 200 empresas e nenhuma me respondeu."* Depois vêm as lamúrias de costume: *"O mercado está péssimo!"* e tolices do gênero: *"As empresas não têm respeito nenhum pelas pessoas! Pelo menos deveriam me responder, nem que fosse para informar que não estão recrutando, ou que não fui selecionado para a vaga de emprego a qual me candidatei!"*

A grande maioria das pessoas comete o erro de pensar dessa forma e continua enviando o seu currículo indiscriminadamente para todo o tipo de empresas!

E você, vai fazer o mesmo? Vai "disparar" o seu currículo em todas as direções, como se não houvesse amanhã, só para se enganar e continuar pensando que o problema está do outro lado? Já não proibi você de ter pensamentos negativos e de agir como um tolo? Bem... vamos ver se pretende conseguir um emprego ou apenas se enganar e enganar aos que o rodeiam, de modo a poder dizer que até tem se esforçado!

Se eu lhe pedir para me mostrar a lista de empresas para as quais já enviou o seu currículo, consegue fazê-lo? Consegue me mostrar tudo o que anotou quando falou ao telefone com alguém das empresas para onde já se candidatou?

Huummm... Aposto que você não registra os contatos que faz! Desconfio que já enviou o seu currículo mais do que uma vez para a mesma empresa, sem sequer falar com alguém para saber se a sua candidatura foi analisada, arquivada na base de dados interna, ou **não foi considerada para situações futuras e porquê...**

Por que as empresas deverão se dar ao trabalho de responder a pessoas que não sabem o que estão fazendo? Além disso, imagina a quantidade de currículos e de candidaturas espontâneas que elas recebem por semana? Se você não tem uma lista devidamente organizada com todos os contatos que já efetuou, e é você quem pretende conseguir um emprego, por que as empresas deverão perder tempo com você?

O trabalho das empresas não pode estar centrado em milhares de potenciais candidatos quando apenas necessitam de um para preencher a vaga de emprego.

Até agora ensinei você a estruturar a sua presença online, a marcar a diferença em tudo o que faz, a seguir as atualizações de empresas nas redes sociais, para saber quando elas estão recrutando novos colaboradores, mas... nada disso fará sentido se continuar enviando o seu currículo como um louco, sem ter um arquivo com anotações das ações que efetuou, as respostas que obteve, e quando deverá voltar a insistir com alguém da empresa, para saber se deram atenção à sua candidatura.

Para ajudá-lo, criei um arquivo Excel muito simples onde deverá anotar todos os envios de candidaturas a partir de hoje. Poderá baixá-lo gratuitamente aqui:

www.emprego30dias.com/dia19

Por incrível que pareça, já houve participantes nos meus workshops que **confessaram ter sido chamados para entrevistas de emprego para as quais nem se lembravam de ter concorrido** e, como não tinham registros dos contatos que tinham efetuado, foram ao encontro do desconhecido. Não tive grande espanto quando me disseram que não foram selecionados após a entrevista.

Que mundo é esse em que as pessoas se dirigem a uma empresa, em modo zombi, para serem entrevistadas no âmbito de qualquer coisa que elas não sabem o que é?

Acho que você começa a entender o grande erro que todos cometem e, por isso, evite seguir o mesmo caminho. Organize-se e seja seletivo quando decidir enviar o seu currículo.

Jamais se candidate para fazer "qualquer coisa" de "qualquer maneira". Também é muito normal ouvirmos as pessoas dizer: *"Eu faço qualquer coisa, desde que consiga um salário"*. Acho muito bom que seja assim, mas se for menos vago naquilo que pretende, e começar a ser mais seletivo, é possível que tenha de enviar menos vezes o seu currículo para começar a obter resultados.

O que prefere? Enviar **500 cópias** do seu currículo **e não obter nenhuma resposta**, ou enviar o seu currículo para apenas 20 empresas, fazer o acompanhamento de cada oportunidade, criar empatia ao telefone com o potencial recrutador e ter a oportunidade de ir a uma entrevista?

Apesar de a resposta ser óbvia, quem procura emprego continua achando que "disparar indiscriminadamente" o currículo, em todas as direções, aumenta a probabilidade de sucesso. Esqueça o trabalho árduo, cujo ideal os seus pais tanto lhe incutiram! Aprenda a desfrutar do trabalho inteligente de quem sabe ser seletivo e organizado.

Vá… comece a pesquisar empresas nas quais gostaria de trabalhar. Coloque todas as informações no arquivo de anotações que lhe disponibilizei, mas tenha calma, ainda não pode enviar o seu currículo para nenhuma dessas empresas. Por enquanto, limite-se a anotar todas as vagas de emprego que lhe interessam, ou empresas para as quais pretende enviar uma candidatura espontânea.

Esteve em um *workshop* ou em uma conferência e identificou uma empresa na qual gostaria de trabalhar? Anote em seu arquivo de anotações.

Viu uma vaga de emprego na página do Facebook de uma empresa que está "Seguindo"? Anote.

Veja no *site* deste livro tudo o que preparei para ajudá-lo a ser mais organizado:

www.emprego30dias.com/dia19

Dia 20

Elabore o currículo e a carta de apresentação

Hoje é o dia em que você vai compilar a sua experiência profissional em um documento chamado currículo (curriculum vitae em latim, ou CV de forma abreviada).

Há enormes discussões sobre o modelo que deve ser utilizado para conseguir criar o CV perfeito!

Permita-me dizer: Não existe um CV perfeito! Não é possível ter um CV que se ajuste perfeitamente a todo o tipo de vagas de emprego!

Contudo, existem muitos CV "imperfeitos"! São tão abundantes nas caixas de correio eletrônico das empresas que se assemelham a uma praga. Além disso, como são praticamente todos iguais, nenhum consegue se destacar da enorme quantidade que vai se acumulando nos departamentos de recursos humanos.

O que fazer? A lista de questões a ter em consideração é interminável, mas deixo aqui algumas das dúvidas mais frequentes, juntamente com algumas sugestões para a sua resolução:

Não tenho experiência profissional. O que devo colocar no meu currículo?

Todo mundo começa a vida profissional sem qualquer tipo de experiência. Apenas precisa que alguém lhe dê uma primeira oportunidade para brilhar.

Sugiro a leitura deste artigo para que possa ultrapassar esta situação temporária:

www.emprego30dias.com/curriculo-experiencia-profissional

Qual modelo de CV deverei utilizar?

Na minha opinião, não deverá utilizar o mesmo modelo que todo mundo utiliza.

Só deverá utilizar um modelo simples de currículo quando enviar a sua candidatura para empresas de recrutamento. Essas empresas preferem receber os CV sempre no mesmo formato, porque dessa forma estará lhes facilitando a triagem dos candidatos. Uma vez que gerem milhares de candidaturas mensalmente, os técnicos das empresas de recrutamento chegam mesmo a ficar irritados quando recebem um currículo diferente do "normal".

Sempre que estiver se candidatando a uma vaga de emprego diretamente para uma empresa, ou quando decidir enviar uma candidatura espontânea, use um modelo de currículo que normalmente costuma ser designado como "currículo-criativo", embora eu prefira designá-lo por "modelo-de-currículo-que-se-destaca-no-meio-da-pilha-de-porcaria-que-normalmente-vai-direto-para-o-lixo". Lembre-se de que é muito natural que a empresa já tenha visto umas centenas de currículos antes do seu, e que é bem possível que já esteja frustrada com tantas candidaturas que não se destacaram positivamente em nada!

Sugiro que visite este artigo onde encontrará regularmente os melhores modelos de CV:

www.emprego30dias.com/melhores-modelos-de-curriculo-CV.

Quantas páginas deverá ter o meu currículo?

Uma página é o ideal, mas normalmente não é suficiente para colocar tudo o que é necessário. Aposte na elaboração de um currículo de duas páginas, de modo a incluir informação relevante, sem abusar muito nas descrições.

Deverei incluir mais ou menos informação pessoal?

Que tipo de informação pessoal? Informações sobre o número de gatos que tem em casa ou sobre o seu chocolate favorito? Se é nisso que está pensando, esqueça.

Deverá compartilhar apenas informações pessoais que mostrem de que forma os seus gostos, e paixões, podem ser úteis ao recrutador, transmitindo a ideia de que você é realmente a pessoa indicada para preencher a vaga de emprego.

Por exemplo, se gosta de crianças e prepara anualmente uma festa de aniversário que a sua filha adora, não se esqueça de destacar essa informação, caso esteja se candidatando a uma vaga em um jardim de infância.

Deverei mencionar que tenho filhos?

Já me fizeram essa pergunta várias vezes e não consigo ter uma resposta que sirva para todos os casos.

Por exemplo, se estiver se candidatando à vaga no jardim de infância que mencionei anteriormente, poderá fazer sentido mencionar que tem filhos. Contudo, para a maioria das vagas de emprego essa informação é irrelevante no currículo.

Deverei mencionar o meu estado civil?

Deixe-me lembrá-lo que não está preenchendo o seu perfil em um site de encontros!

Quando alguém se casa ou divorcia, as suas competências profissionais se alteram?

Não creio que essa informação faça sentido no currículo profissional. É uma informação de caráter pessoal que apenas interessa compartilhar com as pessoas com quem tem intimidade.

Deverei mencionar que tenho Carteira Nacional de Habilitação e veículo próprio?

Claro que sim. Essa informação é muito relevante para as empresas.

Deverei incluir referências à minha escolaridade primária e secundária?

Sugiro que não inclua essa informação no seu currículo. Por princípio, a escolaridade antes de terminar o ensino secundário é pouco relevante.

Deverei colocar fotografia?

Claro que sim. Contudo, esqueça as fotografias de praia ou aquelas em que está usando óculos escuros.

Aposte em uma fotografia apenas do tronco para cima, com luz bem distribuída por toda a imagem e com um fundo uniforme, de preferência branco, ou em um tom claro, de modo a centrar toda a atenção no seu sorriso! SIM, não se esqueça de sorrir como se tivesse ganhado na loteria!

Deverei colocar *links* para os meus perfis nas redes sociais?

Se seguiu todos os conselhos que compartilhei até agora, bastará que o seu currículo tenha os ícones das redes sociais nas quais está presente. Caso o recrutador pesquise o seu *e-mail* em uma das redes sociais nas quais você já marca presença, conseguirá encontrar o seu perfil. Se mesmo assim, achar que deve colocar por extenso o *link* de algum dos seus perfis nas redes sociais, sugiro que coloque apenas o endereço URL do seu perfil no LinkedIn.

Deverei colocar as experiências profissionais mais recentes no início ou no final do CV?

Muitos defendem que as experiências profissionais mais recentes deverão ficar no topo do currículo.

Eu também concordo, exceto em uma situação: se tem alguma experiência profissional que, apesar de não ser muito recente, encaixa perfeitamente nos requisitos da vaga de emprego a que está se candidatando, deverá destacar essa informação no topo do seu currículo.

Lembre-se de que é provável que apenas consiga 4 a 7 segundos de atenção por parte do recrutador, antes da sua candidatura ir para o lixo!

Deverei mencionar os meus dotes de pianista se estou me candidatando a uma vaga para *webdesigner*?

Atualmente se fala muito em "competências transversais". Os formadores gostam de verbalizar esses clichês nos cursos e depois levam os candidatos a pisarem na bola, quando destacam, no topo de seu currículo, que foram tesoureiros na festa da cerveja da cidade, apesar de estarem se candidatando a uma vaga para webdesigner em uma empresa de comunicação. Pense primeiro antes de cometer esse tipo de erro.

Se me disser que pretende divulgar os seus dotes de compositor musical, que toca piano desde os 13 anos e que já tocou em vários bares de música ao vivo, tem todo o meu apoio para realçar esse tipo de competências no seu currículo, caso esteja se candidatando à tal vaga para webdesigner, uma vez que estará mostrando competências em atividades que requerem criatividade, um fator que será certamente valorizado, nesse caso específico, pelo potencial empregador.

Não existe uma única resposta para essa questão. Assim, avalie se as competências que pretende divulgar podem ou não ser valorizadas no âmbito da vaga de emprego à qual irá se candidatar.

Deverei enviar uma carta de apresentação juntamente com o meu CV?

Existe uma boa e uma má notícia em relação às cartas de apresentação.

A boa notícia é que praticamente nenhum recrutador as lê.

A má notícia é a seguinte: os recrutadores que leem as cartas de apresentação são muito exigentes, e não toleram textos genéricos sem qualquer tipo de personalização.

Aqui fica um exemplo de uma carta de apresentação que qualquer recrutador detesta, mas que os candidatos insistem em replicar:

"Caro Diretor de Recursos Humanos,

Estou escrevendo esta carta para me candidatar à posição de esteticista na empresa…"

Este discurso é tão pré-definido e vago que nenhum recrutador terá interesse em continuar lendo o resto do texto!

Mas, como deverá escrever a sua carta de apresentação de modo a chamar a atenção do recrutador?

Aqui fica uma sugestão, baseada na informação anterior, supondo que uma esteticista está se candidatando a uma vaga de emprego em um centro de estética:

"Olá,

Lembro-me da época em que a minha mãe ficava irritada por eu gastar os seus esmaltes, mas não havia outra maneira… as minhas bonecas tinham de estar sempre com as unhas pintadas!

Com o tempo, deixei as bonecas e passei a pintar as unhas das minhas amigas na escola. Como diziam que eu tinha muita habilidade, comecei a me dedicar ainda mais. Quando dei conta, pintava até as unhas das vizinhas.

No final de cada sessão, fazia-lhes sempre uma massagem relaxante, com um creme bem cheiroso, o que as deixava muito satisfeitas, e eu ficava ainda mais feliz!

O gosto pelas massagens, em conjunto com a vontade de fazer as unhas, não se tornou apenas um mero "hobbie", mas sim, o futuro que eu idealizei.

Assim, decidi ser esteticista, o que me permitiu aprender e desenvolver técnicas de massagens, tratamentos faciais, tratamentos corporais, etc…

Sigo com regularidade e entusiasmo as notícias que o seu centro de estética com-

partilha nas redes sociais, e nem queria acreditar quando descobri que pretendem recrutar uma nova esteticista.

Tenho disponibilidade imediata para conversar, e para lhe mostrar de que forma posso ajudar o seu centro de estética a ser o favorito em toda a cidade."

Nesse segundo exemplo, a candidata mostra a sua paixão pela área da saúde e beleza, e ainda admiração pela empresa recrutadora. Faça o mesmo!

Uma última sugestão: caso envie o seu currículo por e-mail, sugiro que não envie um arquivo separado com a carta de apresentação.

Escreva diretamente a carta de apresentação no corpo de texto do *e-mail* e anexe apenas o arquivo PDF do seu currículo.

• Deverei enviar a candidatura (currículo e carta de apresentação) para o meu próprio e-mail antes de enviá-la para o recrutador?

Sim, recomendo vivamente que o faça. Dessa forma, terá oportunidade de ver como a sua candidatura será vista pelo recrutador.

Esta é mais uma oportunidade para tentar encontrar erros ortográficos, pequenas incoerências ou para melhorar algo que ainda não esteja do seu agrado. Repita esse processo quantas vezes necessitar, até garantir que esteja tudo como pretende.

Depois de elaborar seu currículo, guarde o arquivo em formato PDF atribuindo a ele um nome com sentido. Nada de designações como "CVversaofinal.pdf" ou "Doc1.pdf". Caso o seu nome tenha acentos, retire-os do nome do arquivo PDF uma vez que aparecerão desformatados em alguns dispositivos (ex., "Antônio" aparecerá "Ant%onio").

Aqui fica um exemplo em que poderá se basear:

CV_Pedro_Silva-Santos.pdf

Aproveite para visitar esta página na qual disponibilizo regularmente atualizações sobre o tema:

<u>www.emprego30dias.com/dia20</u>

Dia 21

Contate as empresas por *e-mail*

Chegou o grande dia que mudará a sua vida!

Depois de ter criado toda a sua representação no mundo digital, depois de fazer novos contatos e de passar a receber notificações das empresas nas redes sociais, chegou a hora de enviar sua candidatura por *e-mail*.

Há vários estudos que mostram que a **terça-feira é o melhor dia para entrar em contato com as empresas.**

O motivo é simples. Normalmente, os executivos aproveitam a segunda-feira para resolver questões urgentes do final da semana anterior, para estruturar a semana em curso, para se recuperar da famosa síndrome da "segunda-feira" e acima de tudo, para eliminar todo o spam que entrou na caixa de e-mail durante o fim de semana. Sim, esse também é um detalhe importante, uma vez que não vai querer que a sua candidatura chegue por e-mail juntamente com spam, porque estará certamente condenada a ser ignorada ou eliminada.

Prepare o corpo de texto do *e-mail* tendo como base sua carta de apresentação e anexe o arquivo PDF com o seu currículo.

O que deverá escrever no "Assunto" do e-mail?

Depende da situação.

Caso esteja enviando sua candidatura em resposta a um anúncio de emprego, verifique se existe alguma referência a essa questão no próprio anúncio. Muitas vezes, as empresas mencionam algo do gênero:

"Envie currículo e carta de apresentação para o e-mail candidaturas@xxxxxxx. pt com o assunto "Candidatura para Administrativa".

Nesses casos, você deverá respeitar o que é solicitado no anúncio de emprego.

Caso pretenda enviar uma candidatura espontânea, deverá ser mais criativo para evitar que seu *e-mail* seja ignorado ou eliminado. Nada de escrever "candidatura espontânea". Opte por utilizar termos que despertem a atenção da empresa que está contatando. Por exemplo, soube recentemente pela comunicação social que uma empresa com quem pretendemos trabalhar comprou um parque eólico que pertencia a outra empresa. De modo a me mostrar-disponível para colaborar com a nova empresa, enviei um *e-mail* com o seguinte assunto:

"Parque eólico tal — podemos conversar?"

Gosto muito da simplicidade desse tipo de abordagem! O destinatário do e-mail percebe exatamente o que se pretende e é natural que se sinta na obrigação de responder, nem que seja para lhe dizer *"Não"*. Se optasse por usar a descrição "Apresentação de serviços para o parque eólico tal" no assunto do *e-mail*, aposto que ele teria grande probabilidade de ser eliminado em menos de 2 segundos.

Depois de dar atenção a todos esses detalhes, lembre-se de mencionar algo do tipo no final do *e-mail*, antes da assinatura:

"Durante a próxima semana ligo para falarmos um pouco sobre este assunto."

Esse pequeno texto é "mágico" e irá lhe permitir falar ao telefone com a pessoa que pretende! Já vai entender como.

Lembre-se de anotar todos os envios de candidaturas no arquivo de anotações que disponibilizei no dia 19. Se tiver alguma dúvida, volte a ler todas as recomendações que preparei para você:

www.emprego30dias.com/dia19

Para mais desenvolvimentos sobre a forma como deverá contatar as empresas por *e-mail*, visite:

www.emprego30dias.com/dia21

Dias 22 a 27

Replicar hábitos criados anteriormente

Durante os próximos 6 dias você deixará que os e-mails enviados comecem a ser analisados, antes de telefonar para cada uma das empresas.

Contudo, a procura de novos contatos não deve parar e por isso sugiro que entre os dias 22 e 27 deste desafio, **replique os hábitos que criou até agora**, nomeadamente:

– A leitura diária;

– O compartilhamento diário nas redes sociais;

– O aumento da rede de contatos (pessoalmente e através do LinkedIn);

– A pesquisa e atualização da base de dados de empresas a contatar;

– A personalização do seu currículo e carta/*e-mail* de apresentação para as novas empresas que pretende contatar.

Uma vez mais, mantenha um registro atualizado de todos os contatos que angariou, e junte a eles observações relevantes que tenha conseguido (ex., estão organizando uma conferência para o mês de maio, iniciarão um novo projeto ainda este mês).

Adicionalmente:

– Mantenha-se muito crítico em relação aos resultados que vai obtendo;

– Treine o tom de voz que usará ao telefone, de modo a transmitir segurança e profissionalismo;

– Avalie as suas expressões em frente ao espelho, enquanto volta a treinar o seu discurso de elevador;

– Anote as palavras-chave que pretende dizer ao telefone, de modo a evitar lapsos de memória devido ao nervosismo.

Uma semana após o envio da sua candidatura, e também na terça-feira, você deverá telefonar para as empresas as quais enviou a sua candidatura de modo a tentar perceber se ela foi corretamente recebida, se já foi analisada e se correspondeu às expectativas do recrutador.

Aproveite igualmente este período para experimentar as roupas que potencialmente usará nas entrevistas. Como poderá utilizar umas calças ou um casaco que não usa diariamente, será muito útil verificar se essas peças de vestuário estão isentas de manchas, se têm todos os botões, se o fecho das calças funciona, etc. Não queira descobrir esses detalhes na véspera ou no dia da entrevista!

No dia 28 deste desafio, vou ensiná-lo a contornar uma das maiores dificuldades sentidas pelos candidatos: ultrapassar a barreira criada pela secretária do recrutador, ou da telefonista da empresa, e conseguir falar diretamente com a pessoa que tem poder para tomar decisões em relação à contratação.

Dia 28

Telefone para as empresas

Depois de enviar um e-mail com a sua candidatura, você precisa conseguir falar ao telefone com o potencial recrutador.

A menos que consiga o número do celular da pessoa responsável pela contratação, é muito provável que o sucesso do seu esforço fique comprometido quando, do outro lado da linha, aquela senhora simpática lhe pergunta:

"Por gentileza, qual é o seu nome?" ou *"Pode me dizer qual é o assunto?"*

Quem tem pouca experiência, responderá abertamente a essas duas questões, sem perceber que, em 99% dos casos, elas servem apenas para identificar, e barrar, telefonemas de agentes comerciais tentando vender novas assinaturas, ou tentando marcar uma reunião para apresentação de seus serviços. Um candidato a uma vaga de emprego é sempre visto da mesma forma, e por isso, você será um alvo a abater mesmo antes de conseguir falar com quem quer que seja.

Nos primeiros anos em que desenvolvi a minha atividade de consultoria ambiental, raramente tinha sucesso com as chamadas telefónicas. Mesmo depois de mimar a secretária ao telefone, era sempre colocado em espera, durante algum tempo, até a simpática senhora retomar a ligação com uma frase do tipo:

"*Sim? Senhor Pedro, o Eng.º está com a linha ocupada com outra chamada (ou está em reunião!), terá de ligar mais tarde.*"

"*Muito bem*" – respondia eu – "*nesse caso eu volto a ligar mais tarde, muito obrigado.*"

Na realidade, **as secretárias têm indicação para "despachar" todo mundo** dessa forma, porque sabem, ou lhes ensinam, que a maioria das pessoas não volta a telefonar depois de ter sido rejeitada uma vez.

Contudo, se pretende mesmo aquela oportunidade de trabalho, tem de conseguir arranjar uma forma de ultrapassar essa barreira.

Depois de me sentir frustrado inúmeras vezes, por constatar que as assistentes pessoais dos meus potenciais clientes estavam tão bem treinadas que eles nunca chegavam a saber que eu tinha telefonado, pesquisei no Google algo assim:

"Como evitar a secretária em apresentações comerciais?"

Nada conseguia me indicar um caminho que desse certo.

Foi então que percebi que deveria tentar criar uma certa impressão com a secretária, que a pessoa com quem queria falar já estava à espera do meu telefonema. Mas você deve estar pensando: "*Mas como é possível conseguir isso se a pessoa com quem pretendo ter uma conversa, nunca nem ouviu falar de mim?*"

Em seguida, vou explicar a estratégia que desenvolvi para **evitar a secretária ao telefone,** transcrevendo a conversa que tive na primeira vez que adotei esta técnica. Espero que consiga inspirá-lo para fazer algo semelhante quando estiver fazendo o contato telefônico da sua candidatura.

Cerca de uma semana antes do telefonema, enviei um *e-mail* apresentando a NOCTULA, minha empresa de consultoria ambiental, a um novo cliente. Destaquei tudo o que pretendia e terminei o *e-mail* com uma frase que mencionei anteriormente:

"Durante a próxima semana lhe ligo para falarmos um pouco sobre este assunto."

Na semana seguinte, telefonei ao potencial cliente (Eng.º Rui Castro – nome fictício) e, como era de se esperar, fui simpaticamente atendido por sua secretária:

"Bom dia, quero falar com o Rui Castro, por favor." – disse eu com uma voz grave e segura.

Reparou que eliminei o título profissional (Eng.º)? Isso fez com que a secretária baixasse o nível de proteção. Imagino que ela tenha pensado que eu era muito próximo do Eng.º Rui Castro, caso contrário, não me atreveria a chamá-lo apenas de Rui, em vez de Eng.º Rui… Nenhum louco se arriscaria a brincar com isso, certo?

"Por gentileza, qual é o seu nome?" – perguntou a simpática senhora, preparando-se para me barrar o acesso caso o "alarme do agente comercial" disparasse.

"Pedro Silva-Santos, da empresa NOCTULA." – respondi com grande segurança.

O alarme deve ter soado na mente da secretária e foi aí que ela lançou a pergunta perigosa:

"Pode me dizer qual é o assunto?"

Sem qualquer hesitação, mantendo a voz grave e segura, respondi:

"O Rui já está à espera do meu telefonema."

Poucos segundos depois, tinha o Eng.º Rui Castro do outro lado da linha com uma voz muito indignada:

"Sim!?"

"Eng.º Rui, boa tarde! Sou Pedro Silva-Santos da NOCTULA e, como referi

no e-mail da semana passada, estou ligando por causa do seu novo projeto."

"Ah... Sim... Pode falar!" – respondeu o Eng.º Rui Castro, com uma voz confusa que mostrava claramente que não sabia quem eu era, nem tinha lido o meu *e-mail*, ou pelo menos não tinha prestado grande atenção nele!

"*Como referi no e-mail...*" – continuei eu com a apresentação.

Como resultado, poucos dias depois recebemos o primeiro pedido de proposta para prestar serviços a esse cliente, com o qual fomos crescendo ao longo dos anos, e com quem temos atualmente uma excelente relação.

Tenho desenvolvido e adaptado a técnica ao longo do tempo e a taxa de sucesso, para ultrapassar a barreira das secretárias ao telefone, tem sido elevadíssima.

Será que corro o risco de ser chamado de mentiroso?

Não.

Eu não menti para a secretária, quando disse que o Eng.º Rui já estava à espera da minha chamada. Relembro que eu já tinha mencionado no e-mail enviado anteriormente:

"*Durante a próxima semana lhe ligo para falarmos um pouco sobre este assunto.*"

Ninguém poderá me culpar pelo fato de o Eng.º Rui não ter lido o meu *e-mail* com atenção!

Sempre que descobrir novas técnicas para torná-lo bem sucedido ao telefone, farei atualizações no *site* deste livro. Assim, sugiro que visite regularmente o *link*:

www.emprego30dias.com/dia28

Dia 29

Fui chamado para uma entrevista... e agora?

Pelo fato de enviarem o seu currículo indiscriminadamente para todo o tipo de empresas, a maior parte dos candidatos já está habituado à ideia de nunca ser chamado para uma entrevista.

Contudo, é provável que as ações que você tem realizado ao longo deste desafio de 30 dias comecem a produzir resultados e você seja chamado para uma entrevista.

Nas entrevistas de emprego, a famosa Lei de Murphy costuma se manifestar:

"Se alguma coisa puder dar errado, dará errado."

De fato, mesmo antes da entrevista, os candidatos podem começar a virar as probabilidades contra si mesmos. Quantas vezes as empresas telefonam para os candidatos, para informar que eles foram selecionados para uma entrevista, e ouvem algo do tipo:

"... mas me disse que está falando de que empresa? É que eu enviei o currículo para várias empresas!"

Dia 29 - Fui chamado para uma entrevista... e agora?

A sério?

Acha que deve mostrar à empresa que você é péssimo fazendo o registro das candidaturas que enviou?

Felizmente, no dia 19 deste desafio ensinei você a organizar os registros que vai efetuando, e até lhe ofereci um arquivo Excel devidamente formatado para não ter de perder muito tempo! Volte a ler o artigo, caso necessite:

www.emprego30dias.com/dia19

Recentemente, minha empresa lançou um anúncio nas redes sociais informando que estava recrutando um novo colaborador. Recebemos mais de 200 candidaturas e, após uma análise cuidadosa de cada currículo, e de cada carta de apresentação (sim, nós lemos as cartas de apresentação!), decidimos que pretendíamos conhecer pessoalmente 26 dos candidatos.

Criamos uma lista no Excel com os nomes dos 26 candidatos, e começamos a contatá-los para marcar as entrevistas. Enquanto estávamos ao telefone com cada um deles, fomos registrando as primeiras impressões que eles nos transmitiam:

"Indeciso"

"Disse que não se lembrava de ter enviado uma candidatura para a empresa e perguntou que tipo de trabalho teria que realizar"

"Simpática"

"Fala muito depressa e carrega nos RRRs"

"Parece uma mosca morta!"

Alguns dos candidatos não atenderam o telefone, nem nunca nos retornaram a ligação. Outros candidatos não tinham disponibilidade para uma reunião presencial e por isso foram imediatamente excluídos.

Incrível, não é?

Ouvem-se tantos candidatos reclamando da falta de oportunidades e, quando elas surgem, colocam todo o tipo de entraves por não saberem gerir o medo que têm de ser entrevistados.

Se não quer ser contatado nem pretende ir a nenhuma entrevista de emprego, não faça as empresas perderem tempo com você! Aproveite e ofereça este livro a alguém que esteja verdadeiramente à procura de emprego.

Se você se coloca à disposição das empresas, para preencher uma vaga de emprego, tem de começar a marcar pontos a seu favor logo a partir do momento em que envia seu currículo.

Voltando ao nosso episódio recente: Eliminamos 4 dos 26 candidatos selecionados e entrevistamos os restantes 22 candidatos, em um único dia, entre as 09 da manhã e a hora do jantar. Foi um dia cansativo, mas serviu para conhecermos cada um dos candidatos.

Lembre-se: se você for chamado para uma entrevista de emprego, significa que passou no primeiro teste – a sua candidatura causou uma boa impressão! Agora está na hora de planejar o que deve fazer na entrevista para que seja bem-sucedido também nessa fase.

Quando o contatarem, tente descobrir qual o formato que a entrevista terá. Muitas vezes, podem ser combinações de entrevistas e de testes padrão, tais como questionários. Se tiver uma ideia, ainda que genérica, sobre o que terá de fazer, poderá se preparar melhor e se sentirá muito mais confiante.

Este é o momento de fazer a verdadeira **espionagem na "vida privada" da empresa,** e de todos os profissionais que potencialmente o poderão entrevistar. Somos seres curiosos por natureza e, por isso, por que não usar essa curiosidade em coisas úteis e que revertam a nosso favor?

Se você tem intimidade com alguém que trabalha na empresa na qual vai ser entrevistado, fale com essa pessoa e tente descobrir quem poderá entrevistá-lo e de que forma deverá se comportar.

Se não conhece ninguém que trabalhe na empresa, não desanime! A maior parte dos candidatos vai às entrevistas de emprego exatamente na mesma situação.

Pesquise tudo o que conseguir sobre a empresa que o contatou. Entre no site corporativo e procure:

– Quais são as áreas de negócio em que atuam?
– Há quantos anos estão no mercado?
– Quais os projetos mais recentes?
– Qual a história que levou à criação da empresa?
– Quais são os valores e a missão da empresa?
– Quem é o responsável de recursos humanos?
– Quem é o fundador da empresa?

Deverá investigar **quem é a pessoa que respondeu ao *e-mail*** que enviou com o currículo e o seu texto de apresentação. Geralmente é a mesma pessoa que faz os telefonemas para marcar as entrevistas, e é provável que ela também esteja presente em sua entrevista.

Procure o nome dessa pessoa no Google e em todas as redes sociais.

Procure os seus gostos e *hobbies*, de modo a conseguir criar o discurso que irá ajudá-lo a "quebrar o gelo" e a ganhar alguma vantagem em relação a outros candidatos menos bem preparados.

Mas tenha cuidado! Mesmo que tenha visto nas redes sociais que essa pessoa tem um filho e que esteve presente em uma festa de Natal, evite comentários do gênero *"Como foi a festa de Natal na escola do seu filho?"*, uma vez que poderão assustar o recrutador e deixá-lo pensando que você é um psicopata!

Sugiro que use tudo o que descobrir a seu favor, mas de forma extremamente natural.

Se descobrir que o recrutador toca um instrumento musical, e você também tem formação em algum instrumento, pense em uma forma discreta de dizer o quanto é apaixonado por música, e por tocar esse instrumento musical. O recrutador certamente irá gostar de saber que têm algo em comum.

Se descobrir que o recrutador compartilhou fotos nas redes sociais da sua participação recente em uma competição de vela e você não sabe nada sobre o tema, embora adore estar junto ao mar, pense em uma forma discreta de dizer algo assim:

"Adoro estar junto ao mar! Até já pensei em começar a praticar algum esporte que me permita estar mais vezes em contato com o oceano…"

Pode aproveitar para introduzir esse tema se lhe perguntarem:

"Quais são os seus passatempos?"

Porém, você tem que parecer que tudo o que disser é natural. Evite que o recrutador perceba que você fez um estudo aprofundado sobre a sua vida pessoal e que está ali apenas bajulando ele para ver se consegue o emprego.

Dito isso, seja sutil nos detalhes que revela e tenha atenção com o que promete na entrevista, porque se for contratado terá que cumprir o que disse!

Caso afirme que começará a praticar um esporte náutico, mantenha em mente que deverá cumprir essa promessa logo que assine o contrato de trabalho. Poderá exagerar um pouco naquilo que diz para agradar o recrutador, mas se lembre de manter as promessas em um nível que seja possível cumprir a curto/médio prazo, para que, nesse caso, se trate apenas de uma mentira temporária, uma vez que não corresponde à verdade no momento em que foi proferida, mas sim algo que deseja cumprir muito em breve.

Para evitar se perder, e consequentemente se atrasar no dia da entrevista, **programe a viagem até à empresa**, ou local da entrevista, com antecedência:

– Onde fica localizada a empresa?

– Existe estacionamento gratuito ou será melhor utilizar os transportes públicos? No segundo caso, os horários dos transportes lhe permitem chegar mais cedo?

Se tiver essa possibilidade, percorra o caminho até à empresa no dia anterior para ver onde ela está localizada, de modo a antecipar potenciais situações inesperadas e estressantes.

Lembre-se de que no dia da entrevista você tem que estar calmo, não pode demonstrar estar desorientado à procura da empresa, em cima da hora do próximo candidato começar a ser entrevistado.

Você deve aproveitar igualmente o dia de hoje para pensar no que tem a oferecer à empresa. Quais as qualidades ou competências que o tornam a pessoa mais adequada para o cargo?

Tenha igualmente atenção ao que irá vestir, uma vez que a primeira impressão tem um enorme impacto. Um estilo smart casual pode ser apropriado na maioria das situações, ou seja, um meio-termo entre o estilo casual e o formal. Caso esteja se candidatando a uma vaga de emprego em uma entidade bancária, deverá se apresentar de terno, uma vez que nesse tipo de setor ainda existe muita formalidade no contato com os clientes.

Recomendo que leve os seus **cartões de visita** e uma **cópia da carteira de identidade e do currículo** que enviou para a empresa na qual será entrevistado. Poderá se munir também da **carteira de trabalho e de certificados que possam ser necessários.** Caso pretendam recrutá-lo, você terá todos os elementos necessários para entregar no momento da entrevista.

Mais dicas sobre esse assunto no *site* do livro:

www.emprego30dias.com/dia29

Dia 30

Prepare-se para a entrevista

Há alguns anos, recebi um candidato que além de chegar 20 minutos atrasado à entrevista, apresentou-se com o zíper da calça aberto.

A minha colega se apressou em dizer *"Sente-se, sente-se, por favor…"* enquanto tentava conter uma gargalhada.

Como se não bastasse o início atribulado, quando o candidato me cumprimentou com um aperto de mão, fiquei ainda mais mal impressionado. As suas mãos estavam secas e ásperas e tinham acabado de esfoliar a pele da minha mão direita! Pode lhe parecer rude que eu esteja descrevendo o candidato dessa forma, mas lhe garanto que nunca ninguém tinha conseguido criar uma primeira impressão tão má quanto o Jorge (nome fictício, para que não pense que eu sou mesmo rude!).

Admito que as minhas mãos também desidratam com facilidade. Qualquer sabonete que eu use para lavar as mãos me deixa sempre com a pele completamente seca. Como sei que isso acontece comigo, tenho sempre um creme hidratante por perto!

De vez em quando ainda ouço os gritos de alguns "homens das cavernas" que continuam defendendo que *"Homem que é Homem, não usa cremes hidratantes!"* Espero que não seja o seu caso.

Mas me deixe lembrar você que esses detalhes não afetam apenas os homens. Quantas mulheres vão a entrevistas de emprego com as unhas mal pintadas, ou com unhas que parecem as garras de uma Águia-real?

É preferível não pintar as unhas se você não pretende garantir que irá mantê-las sempre impecáveis.

É preferível não usar unhas compridas a parecer uma bruxa.

E os cabelos?

Desde que os cabeleireiros decidiram tornar moda enrolar o cabelo em um pequeno tufo elegantemente apelidado por "coque" (palavra francesa que significa porção de cabelo apanhado e enrolado), tenho visto muitas mulheres adotando esse penteado, colocando uma caixa inteira de grampos prendendo o tufo e andando assim durante toda a semana.

O que passa pela cabeça dessas pessoas? Acham que esse visual levará os outros a pensar:

"Uau, que penteado criativo!" ou *"Mais um ninho de ratos típico de quem não lavou o cabelo!"*?

Não sei se você compartilha da mesma opinião que eu, mas o cheiro de um cabelo sujo é horrível e quase tão ruim quanto o cheiro da transpiração. Se você não quer, ou não pode lavar o cabelo todos os dias, lembro que existem *shampoos* secos que ajudam a superar o problema.

A entrevista é um momento em que é difícil não estar nervoso e por isso, também deverá antecipar pequenos problemas de excesso de transpiração, principalmente no verão. Se começar a transpirar antes da entrevista, é possível que o nervosismo o faça transpirar ainda mais durante. Sugiro que tenha sempre com você um pequeno antitranspirante, sem cheiro, para poder corrigir aquilo que o seu corpo continuará insistindo em produzir: suor.

Por outro lado, quem fuma é muito natural que fume ainda mais quando está nervoso. Mas digo que mesmo os recrutadores que fumam detestam candidatos que cheiram a tabaco.

Conselho: **Não fume antes de uma entrevista de emprego.** As suas mãos, o seu hálito e a sua roupa espalharão um mau cheiro que poderá colocar a perder todo o esforço que fizer para cativar o recrutador.

Lembro-me tão bem de uma candidata que entrevistei recentemente e que cheirava insuportavelmente a cigarro. Além disso, o seu casaco cheirava a naftalina, umas bolinhas que a minha avó colocava nos armários para evitar que as traças destruíssem a roupa. Simplesmente horrível... enquanto estou escrevendo este parágrafo parece que voltei a sentir aquele cheiro!

Uma das questões que coloco a mim mesmo quando avalio um potencial novo colaborador é:

"Será que este colaborador se encaixa no resto da minha equipe?"

Como deve compreender, o excelente ambiente de trabalho e espírito de equipe que fomos construindo na empresa ao longo dos anos não deverá ser colocado em risco por novas contratações e, por isso, um candidato que sorri e tem as mãos hidratadas se encaixará mais facilmente em nossa organização do que alguém que se mostre tenso e com um aspeto descuidado.

Já percebeu quais são os fatores que podem ajudá-lo a conseguir uma excelente primeira impressão?

Seja pontual! Tente chegar pelo menos 15 minutos antes da hora da entrevista. Se, por qualquer motivo, estiver atrasado, deverá informar à empresa ou o entrevistador o mais cedo possível.

Quando chegar ao local da entrevista, **apresente-se e cumprimente com um sorriso quem o receber.**

Avalie rapidamente o espaço à sua volta e tente perceber onde poderá se sentar e quais serão os principais focos de distração. Quando chegar o momento da sua entrevista, e o chamarem, cumprimente o recrutador com um aperto de mão e um sorriso, e se sente de forma confortável e confiante. Caso seja necessário, ajuste a posição da sua cadeira. Nunca mais vou me esquecer do dia em que fiz uma entrevista com um candidato enquanto imprimia umas tabelas na impressora que estava na bancada atrás dele! Coitado, não conseguiu se concentrar um único minuto.

Segundo o *Feng Shui*, você não deverá se sentar em locais "desprotegidos". Uma porta ou uma janela aberta à sua frente, movimento de pessoas ou atividades ruidosas acontecendo nas suas costas poderão desconcentrá-lo. Peça licença para fechar a porta, verá que ninguém levará a mal!

Nem sempre as entrevistas acontecem de forma padrão!

Há recrutadores e empresas que gostam de ser originais quando procuram o próximo colaborador. Muitas vezes, costumam testar a sua criatividade e perceber se os candidatos estão mesmo empenhados em conseguir o emprego.

Por exemplo, uma grande empresa tecnológica, cujo nome vou deixá-lo adivinhar, decidiu que a entrevista de recrutamento de uma nova advogada deveria ir além do imaginável. O recrutador, um dos sócios fundadores da empresa, pediu à candidata que até o final do dia lhe enviasse uma minuta do contrato para ele "vender a alma ao Diabo". Inacreditável, não é?

Mas, o que é que isso tem a ver com o trabalho de um advogado?

Tudo! Ora veja... A candidata foi forçada a ser criativa de forma a equacionar uma série de cláusulas, no contrato de compra e venda, entre as quais:

- Quais os direitos e deveres do Diabo?
- De que forma será entregue a alma do seu cliente (futuro empregador!) e qual o período de garantia?
- Caso alguma das partes não esteja satisfeita com o acordo, como irá se efetuar a rescisão do contrato?

É dessa forma que se consegue perceber quem são os candidatos que possuem excelentes capacidades de raciocínio.

Em minha empresa de consultoria, também lançamos desafios a todos os candidatos. Logo mais explicarei a você aquilo que fazemos, mas, por enquanto, permita-me apresentar algumas das questões que os recrutadores gostam de ver esclarecidas. Porém, lembre-se de que a pontualidade e a boa aparência estarão sendo avaliadas antes mesmo da empresa lhe perguntar seja o que for!

Quando iniciarem a entrevista, parecerá que os recrutadores estão fazendo perguntas soltas, mas a única coisa que pretendem garantir é que você se sinta à vontade e que fale abertamente sobre todos os temas. Tenha cuidado! Evite fazer juízos de valor sobre os seus ex-colegas ou ex-chefes. Todo mundo já teve de lidar com idiotas, mas não pode, nem deve, se comportar na entrevista de emprego como se estivesse em uma consulta no psicólogo!

Depois de cada uma das seguintes perguntas, explicarei o que o recrutador pretenderá avaliar em sua resposta.

O que sabe sobre a nossa empresa?

Parece inacreditável, mas ainda há candidatos que chegam até à entrevista de emprego sem saber praticamente nada sobre a empresa onde estão.

Por que decidiram enviar uma candidatura para uma empresa sobre a qual não sabem nada? Mesmo depois de terem cometido esse erro, não se dão ao trabalho de compilar informações relevantes sobre a empresa quando são chamados para uma entrevista? Não entendo!

Se ainda tem dúvidas sobre o que deve saber acerca da empresa, antes de ir à entrevista, sugiro que volte a ler o dia 29 deste livro.

Da última vez que mudou de emprego, por que o fez?

A resposta a essa pergunta permitirá que o recrutador perceba quais são as razões que o movem no mercado de trabalho.

Mudou de emprego porque sentiu que a sua carreira tinha estagnado e que não havia perspectivas de crescimento?

Mudou de emprego porque queria iniciar funções em uma nova área de trabalho?

Mudou de emprego porque surgiu uma oportunidade para receber um salário maior?

Mudou de emprego porque o seu chefe era um idiota e os seus colegas eram ainda mais idiotas do que ele?

Cuidado! Independentemente das razões que o levaram a mudar de emprego no passado, tenha atenção ao que refere na entrevista.

Eu fico sempre desconfiado quando vejo um currículo de alguém que mudou 5 ou 6 vezes de emprego em apenas 2 ou 3 anos. Pense: Alguém trabalha 4 meses em uma empresa, muda para outra empresa e fica lá durante 6 meses. Depois, muda novamente e apenas consegue aguentar 3 meses antes de voltar a mudar, mas por apenas mais 6 meses! Tem que haver algum problema com o candidato que se apresenta com um currículo assim, não acha?

Por que esteve desempregado tanto tempo?

Uma vez recebi um currículo de alguém que estava desempregado há cinco anos. Como é possível não ter trabalhado em nada durante cinco anos? Não trabalhou em um projeto pessoal, independentemente dele ter tido sucesso ou ter sido um grande fracasso?

Percebe a impressão ruim que irá causar se o recrutador ficar pensando que esteve cinco anos há sombra do seguro-desemprego, de programas sociais ou gastando o dinheiro de uma possível herança!?

Se você esteve cinco anos sem trabalhar, deveria ter conseguido encontrar uma forma de ganhar dinheiro e poder continuar a não ter de trabalhar para terceiros, certo?

Se você esteve cinco anos sem trabalhar *"por que deverei ser eu a pessoa lhe dar emprego neste momento?"* – pensará o recrutador.

Nem pense em dizer que esteve cinco anos desempregado e que esteve sempre procurando emprego ativamente! Ninguém demora tanto tempo para conseguir um emprego, mesmo quando a economia está em recessão!

Se você esteve tanto tempo sem trabalhar, tem de haver uma boa razão. Pense bem naquilo que irá dizer e se prepare para mostrar que está a par das novidades mais recentes em termos de tecnologia, de redes sociais, de plataformas digitais, etc… Em cinco anos, a forma de fazer as coisas muda completamente e, por isso, você terá de mostrar ao potencial empregador que não parou no tempo.

Por que pretende deixar o seu emprego atual? (questão para os candidatos que estão ativos)

Deixo aqui algumas das "pérolas" que já ouvi como resposta a essa pergunta.

"Não suporto mais o meu chefe! Sou eu quem tenho de fazer tudo e nunca está nada como ele quer."

Costuma-se dizer que o inferno está cheio de insubstituíveis. Você pode ser facilmente substituído por outro colaborador e, por isso, se o seu chefe é um idiota, acho muito bom que apresente a sua carta de demissão. Ele que vá infernizar a vida de outro infeliz!

Contudo, cuidado com a forma como menciona esses assuntos na entrevista de emprego. É preferível dizer *"não tenho expectativas de crescimento em meu emprego atual e por isso quero poder abraçar novos desafios"*, não acha?

"Tenho fobia de espaços fechados. Estou grávida e... em primeiro lugar está a minha filha!"

Tem fobia de espaços fechados? E o que tem a sua gravidez a ver com isso? A minha mãe trabalhou durante toda a gravidez e deu à luz um filho magnífico!

Se você tem fobia de espaços fechados deverá se tratar antes de procurar um emprego. Caso contrário, talvez apenas possa trabalhar plantando alfaces... e ao ar livre... porque se tiver de entrar na estufa, pode ter um ataque de pânico.

"O meu chefe é um velho chato que nem sabe compactar arquivos em RAR"

Essa afirmação foi proferida por alguém que não compreende que nem todo mundo da faixa etária dos seus pais, ou dos seus avós, teve a oportunidade de estudar... nem computadores, celulares ou tablets desde os 10 anos de idade.

Seja compreensivo com as dificuldades dos mais velhos em relação ao que eles chamam de "modernices"! E se lembre de que foi esse "velho chato" que fundou a empresa na qual você trabalha. Mesmo sem saber compactar arquivos em RAR, o "raio do velho" tem conseguido levar a empresa avante durante décadas!

Não acha que tem qualificações a mais para a função?

Quando estivemos recrutando uma técnica administrativa para a minha empresa de consultoria, pensamos inicialmente que não necessitaríamos de alguém com uma licenciatura. Contudo, depois de analisadas todas as candidaturas recebidas, percebemos que poderia ser uma mais-valia contar com alguém licenciado em uma área que complementasse as nossas necessidades.

Foi assim que recrutamos a nossa primeira técnica administrativa, uma licenciada em Comunicação e Relações Públicas que acumulou funções na área de Assessoria de Imprensa, área que estávamos começando a desenvolver internamente na época.

Essa pergunta não tem nenhuma pegadinha!

A resposta permitirá ao recrutador saber se os candidatos estão dispostos a começar a desempenhar tarefas mesmo em algo que não necessite de todas as qualificações que o candidato dispõe no momento. Lembre-se sempre de que você pode começar no fundo da cadeia hierárquica, mas o seu "excesso de qualificações" será muito útil para poder progredir dentro da empresa.

Cite um momento em que você sabia que tinha razão, mas o seu superior pediu que você fizesse tudo exatamente ao contrário. Como resolveu a situação?

Cuidado com a resposta a essa pergunta.

Os recrutadores vão criando empatia e deixando o candidato à vontade ao longo da entrevista para que, quando lançarem esse tipo de pergunta, estes pensem que estão desabafando com um amigo. É nesse momento que o melhor, e o pior, de cada candidato vêm à tona.

Lembro-me de ter feito essa pergunta a um candidato e dele ter contado uma situação em que o chefe queria que ele fizesse uma determinada tarefa exatamente ao contrário do que pretendia fazer:

"Isso não vai funcionar! Vai demorar mais tempo e não ficará perfeito." – disse

o colaborador ao chefe.

Como o candidato já tinha mencionado na entrevista que o seu chefe era um velho chato e antipático (o tal que não sabia compactar arquivos em RAR!), decidi lançar a isca:

"*E não me diga que o seu chefe continuava achando que tinha razão!?*"

"*Sim, o raio do homem sempre foi osso duro de roer! Obrigou-me a fazer como ele queria.*" – mencionou o candidato, recordando o episódio com algum rancor.

"*Então, e depois? O que aconteceu? Ele tinha razão?*" – perguntei eu.

"*Claro que não tinha razão... e eu fiz questão de demorar ainda mais tempo do que o normal, emperrando uma das máquinas que estava utilizando. Eu o avisei!*"

Está vendo por que nunca pode falar com um recrutador como se estivesse falando com um amigo?

Mal ouvi esse "artista" contando sua história, e terminando de forma vitoriosa com "Eu o avisei!", fiquei logo com vontade de fazê-lo desaparecer da minha frente.

Nem pense que as empresas querem recrutar esse tipo "psicopatas", que não conhecem a distinção entre "personalidade forte" e "ser--sempre-dono-da-razão-mas-não-ganhar-nada-com-isso".

Já passou pela situação de olhar para as horas e perceber que tinha perdido a noção do tempo? O que fazia quando isso aconteceu?

A resposta a essa pergunta permite aos recrutadores perceber quais são os passatempos dos candidatos que os fazem perder a noção do tempo.

Perde a noção do tempo quando está lendo um livro?

Perde a noção do tempo quando vai ao clube, ou andar de bicicleta no parque?

Perde a noção do tempo quando toca um instrumento musical?

A forma como os candidatos usam o seu tempo livre poderá ser valorizada pelas empresas, porque permite ter uma noção dos gostos pessoais, além da área profissional a que o candidato se dedica.

Gostava de um dia ter um negócio seu? Em que área?

A primeira técnica administrativa que recrutei para a minha empresa respondeu a essa questão da seguinte forma:

"Sim, gostaria de criar um negócio na área da Consultoria de Comunicação e Assessoria de Imprensa, a minha área de formação".

Bingo!

Como era uma das áreas que eu pretendia investir para alavancar o crescimento da empresa, achei que tinha encontrado a candidata ideal. Propus a ela que começasse assumindo as tarefas ligadas à área administrativa e que fosse simultaneamente estruturando o gabinete de Assessoria de Imprensa da empresa.

Pense quais as áreas profissionais em que gostaria de trabalhar no futuro, e tente descobrir se isso poderá ser relevante para a empresa em que pretende trabalhar. Se um candidato diz que gostaria de criar um negócio em uma área que a empresa recrutadora pretende desenvolver, ambas as partes ganham em se juntar, certo?

Quais são as suas expectativas salariais?

Muitos candidatos não fazem a mínima ideia de quanto pretendem receber e até têm medo de abordar o assunto na entrevista.

Quando o recrutador abordar o tema, fuja da postura do coitadinho que pretende conseguir emprego a qualquer custo. Mesmo que esteja atravessando uma situação difícil, não mostre sinais de fraqueza porque se arrisca a receber muito menos do que merece.

Assim, sugiro que antes de entrar na entrevista defina o valor de salário que pretende.

Mostre que irá se esforçar para fazer a empresa crescer e que à medida que isso for acontecendo você tem a expectativa de poder subir de posto, e consequentemente, de ter um salário cada vez melhor.

Ao contrário do que as pessoas pensam, os recrutadores detestam respostas vagas a essa pergunta. Mostre que sabe o que quer e se comprometa a cumprir o que prometer, caso seja contratado.

Tem alguma questão que queira colocar?

Nas entrevistas de emprego, os candidatos nunca devem sair da sala sem fazer algumas perguntas pertinentes para mostrar o seu empenho, o que certamente agradará aos recrutadores!

Aqui ficam algumas das perguntas que poderá apresentar ao recrutador:

Que tipo de desafios os seus clientes têm lançado recentemente à empresa?

Como estará a sua empresa dentro de um ano? E daqui a cinco anos?

Reparei que a sua empresa está muito mais ativa nas redes sociais nos últimos meses! Houve alguma alteração na estratégia que a empresa adotará no futuro?

O que o candidato que for selecionado para esta vaga de emprego deverá conseguir atingir, num período de 12 meses, para que você possa dizer: "Tomei uma excelente decisão ao contratar este colaborador?"

Deixará certamente os recrutadores espantados! Caso tenha conseguido uma excelente *performance* ao longo da entrevista, essas perguntas serão a "cereja no topo do bolo".

Mas ainda há mais um detalhe ao qual deve ser atentar. Envie um *e-mail* de agradecimento ao recrutador no final do dia em que acontecer a entrevista. Realce a forma como a entrevista foi conduzida e demonstre, uma vez mais, como se empenhará em ajudar a empresa a crescer, caso optem por contratá-lo.

Além das questões que apresentei anteriormente, alguns recrutadores gostam de tentar descobrir o nível de raciocínio de cada candidato e, por isso, você poderá ser confrontado com perguntas um pouco estranhas.

Aqui ficam três exemplos de perguntas às quais costumo recorrer para "fechar" cada uma das entrevistas de emprego em que participo:

Quantos meses têm 28 dias?

Como tantos candidatos ficam confusos e respondem: "Apenas um mês (fevereiro). Mas nos anos bissextos tem 29 dias!"

Sério? Será que foi isso que lhe perguntaram? A resposta é óbvia: Todos os meses têm 28 dias.

Mantenha a calma e pense antes de responder!

Depois do meio-dia, em que horário os ponteiros do relógio voltam a encontrar-se?

Tipicamente, os candidatos respondem: *"Às 6 da tarde!"*

Quando recebo essa resposta precipitada, pergunto sempre: *"Tem certeza? Não voltam a se encontrar antes dessa hora?"*

… e é então que surgem mais umas respostas precipitadas:

"Sim, é verdade… os ponteiros também se juntam às 3 da tarde!"

Por que a resposta tem de ser tão precipitada e se basear sempre em uma hora exata?

Diminua o ritmo de pensamento e, caso necessite, faça o desenho de um relógio de ponteiros para auxiliá-lo. Já reparou que depois do meio-dia os ponteiros do relógio voltam a se encontrar apenas 1 hora e 5 minutos mais tarde?

Estou pensando em um número entre 0 e 100. Qual é o número em que estou pensando?

As respostas a essa pergunta também costumam ser hilariantes. Normalmente, os candidatos começam a "disparar" números ao acaso:
"24".
"52".
Qual é a probabilidade de acertar o número em que eu estou pensando, disparando valores aleatoriamente?

Eu disse que não me poderia fazer perguntas para chegar à solução?

Além disso, se optar por essa abordagem e não anotar os números que vai "lançando para o ar", corre o risco de dentro de pouco tempo voltar a me perguntar se o número em que estou pensando é o 24!

O que essa pergunta pretende determinar é a capacidade que o candidato tem para começar a balizar as opções em intervalos cada vez menores. Em vez de dizer um número ao acaso, pergunte:

"*O número em que está pensando tem 1 ou 2 algarismos?*"

Se tiver apenas um algarismo, consegue restringir as opções a um intervalo entre 0 e 9.

"*O número em que está pensando é acima ou abaixo de 50?*"

Vá repetindo esse tipo de pergunta até conseguir um intervalo suficientemente estreito que lhe permita chegar ao número mágico.

Por favor, evite perguntas como:

"*O número em que está pensando é par ou ímpar?*"

Em que a resposta a essa pergunta irá ajudá-lo a chegar à solução mais rapidamente? É quase o mesmo que perguntar "*O número em que está pensando é divisível por 3?*" ou "*O número em que está pensando é um número primo?*".

Muitos candidatos não entendem para que servem essas perguntas estranhas durante as entrevistas de emprego. Contudo, se conseguir ser selecionado para a vaga de emprego, irá se deparar diariamente com situações para as quais não tem resposta imediata.

É essa inteligência prática que os recrutadores pretendem avaliar antes de decidir qual candidato pretendem contratar.

Imagine a seguinte situação banal:

"Pediram-me para informar o cliente quando a encomenda for enviada. Será que devo enviar um e-mail a ele? Será que devo informá-lo por SMS? Será que o cliente pretende receber essa informação por fax? Uma vez que a encomenda está saindo mais cedo do que o previsto, será que vale a pena informá-lo ou o deixo ter a agradável surpresa de receber tudo por correio antes do prazo acordado?"

Em vez de chatear o colega do lado com esse tipo de dúvida, telefone ao cliente, informe-o que a encomenda foi enviada e pergunte a ele se pretende que formalize a informação por escrito.

Simples, não é?

Basta fazer algumas perguntas e a maior parte dos problemas se resolve. Contudo, existem muitas pessoas que ficam paradas à espera de alguém que lhes apresente uma resposta, uma solução...

Pense nas respostas para todas as perguntas que lhe apresentei até agora.

Existem milhares de variações sobre esses temas, mas o objetivo final será sempre avaliar a confiança, o raciocínio e o grau de conflitualidade que os candidatos poderão trazer à equipe do recrutador, caso ele opte por contratá-los.

Na minha empresa, todos os candidatos que reúnem as características que procuramos têm direito a serem testados em um novo desafio, antes da decisão final. Por exemplo, estivemos recentemente recrutando um técnico administrativo. Como disse anteriormente, recebemos mais de 200 candidaturas, selecionamos 22 candidatos, que entrevistamos, e chegamos à conclusão de que apenas cinco reuniam as características que desejávamos. A esses candidatos, decidimos lançar um desafio para descobrir a sua capacidade de pesquisa e de captação de novos contatos. O desafio consistia no seguinte:

Cada um dos cinco candidatos finalistas teria de descobrir quem era o responsável de uma empresa com quem pretendíamos trabalhar (não vou citar o nome da empresa por razões óbvias!), e redigir a carta que serviria para convencer a pessoa a nos receber em uma reunião, na qual apresentaríamos os nossos serviços.

Os cinco candidatos aceitaram o desafio, mas apenas três conseguiram descobrir quem era o responsável pela empresa em questão.

Bang, bang! Mais dois candidatos que ficaram pelo caminho!

Relembro que o processo começou com mais de 200 candidaturas recebidas!

Entre as três candidatas finalistas (sim, eram todas mulheres!), uma se destacou claramente por ter conseguido o contato telefônico que desejávamos e por ter telefonado para o responsável da empresa se apresentando como alguém que já trabalhava conosco, mesmo sem nos ter pedido autorização para poder se apresentar dessa forma!

É fácil perceber qual foi a candidata que decidimos contratar, certo?

Se você está mesmo à procura de emprego, tem que se comprometer totalmente a fazer o que for necessário para ser bem-sucedido.

Consulte as informações atualizadas sobre este assunto aqui:

www.emprego30dias.com/dia30

O seu primeiro dia de trabalho!

O primeiro dia de trabalho, seja em um primeiro emprego ou não, é mais um dos episódios da sua vida profissional em que necessita transmitir uma excelente primeira impressão.

Assim, alguns dos truques que lhe ensinei anteriormente serão igualmente muito úteis neste dia.

Chegue na hora marcada, ou um pouco antes

Tal como sugeri que fizesse no dia anterior à entrevista de emprego, você deverá testar o percurso que terá de fazer no primeiro dia de trabalho, seja a pé, de carro, de transporte público, etc.

Garanta que a forma como irá se deslocar no primeiro dia de trabalho já não é novidade para você, de modo a evitar surpresas que possam fazê-lo chegar atrasado e que o obriguem a começar logo a pedir desculpas a todo mundo!

Atenção à sua apresentação, ao vestuário e aos cheiros desagradáveis

Como já tive oportunidade de mencionar anteriormente, a roupa que deverá vestir no primeiro dia de trabalho deverá ser adequada à função que irá executar, e à filosofia da empresa, algo que deverá ter sido capaz de perceber durante a entrevista.

Será ridículo se apresentar de terno e gravata se todos os colaboradores da empresa usarem sapatilhas e calça jeans.

Você deverá garantir umas boas noites de sono e de descanso antes do grande dia para que o seu organismo consiga se adaptar ao novo ritmo.

Nem pense em se apresentar no primeiro dia de trabalho com o cabelo sujo, com a pele desidratada, com as unhas sujas ou mal pintadas (no caso das mulheres, claro!), cheirando a cigarro ou, de forma oposta, com excesso de perfume, por mais caro e requintado que seja. Já falei sobre isso anteriormente e assim espero que tenha ficado tudo bem claro para você!

Cumprimente todos os membros da equipe com um sorriso e faça questão de se apresentar

A princípio, deverá haver alguém na empresa que fique responsável pelo seu processo de integração. Contudo, você também terá de fazer a sua parte.

No dia 15 deste desafio, ensinei você a "quebrar o gelo" com estranhos.

Se necessitar, volte a ler o artigo que preparei para você:

www.emprego30dias.com/dia15

Sorria, mantenha contato visual com as pessoas e cumprimente-as com um aperto de mão normal.

... e pergunta você:

- *"O que é um aperto de mão normal?"*

Um aperto de mão normal é algo que fica entre os seguintes dois exemplos opostos:

1 - Aperto de mão frouxo

A pessoa nos estende a mão como se tivesse essa parte do corpo morta.

É tão irritante apertar a mão a alguém assim, que ficamos normalmente com má impressão da pessoa a partir desse momento.

Que empresas pretendem recrutar frouxos para as suas equipes?

Pessoalmente, quando recebo um cumprimento com um aperto de mão frouxo, fico com vontade de esbofetear a pessoa. Mas dá vontade de fazer isso também com a mão frouxa, para ele perceber como é ridículo o que acabou de fazer!

2 – Aperto de mão "quebra ossos"

Detesto ainda mais o aperto de mão viril que praticamente me fratura todos os ossos da mão!

Como uso um anel no dedo médio da mão direita, cada vez que recebo um cumprimento com um aperto de mão "quebra ossos", fico com os dedos indicador e anelar marcados, além de sentir dores dilacerantes que me enfurecem e que destroem qualquer vontade de falar com a pessoa.

Normalmente, quem usa anéis na mão direita, usa-os no dedo anelar e por isso, imagine as dores que sentirá no mindinho e no dedo médio cada vez que o "bruto" o cumprimentar com o seu aperto de mãos "quebra ossos".

Aproveite para fazer perguntas

As pessoas pensam, erradamente, que no primeiro dia de trabalho deverão tentar passar despercebidas para não incomodar os colegas. Se compartilha da mesma opinião, está totalmente enganado!

Todos os colaboradores da empresa querem conhecer o novo colega e, por isso, não tenha vergonha de perguntar os seus nomes, as funções que desempenham na empresa, os "rituais" de almoço e de lanche, etc...

A empresa tem um espaço em que os colaboradores podem aquecer a comida que trazem de casa?

Existem pausas estabelecidas no meio da manhã e no meio da tarde, com café, sucos e biscoitos gratuitos?

Há pausas estabelecidas, mas não há biscoitos gratuitos? Nesse caso, existem locais nos quais os colaboradores podem colocar os alimentos que trazem de casa?

Imagine quanto tempo perderá se optar por descobrir todas essas informações sozinho! Vai lá... não tenha medo de perguntar.

Mantenha-se sempre ocupado

Se sentir que tem tempo livre e não sabe como poderá ocupá-lo, ofereça-se para ajudar um dos colaboradores em uma tarefa que ele esteja executando. Dessa forma, você evitará ficar perdido sem nada para fazer, ao mesmo tempo em que transmite a imagem de alguém muito prestativo, com quem se pode contar.

Cuidado: Passar grande parte da tarde **atualizando as suas páginas nas redes sociais não conta como trabalho...** mesmo que trabalhe em uma empresa de *marketing* e comunicação.

Por falar em redes sociais…

No primeiro dia de trabalho, deverá se apresentar na empresa com os "trabalhos de casa" bem feitos!

Já deverá estar a par de tudo o que a empresa tem compartilhado nas redes sociais recentemente, que colaboradores estão presentes e são mais ativos em cada rede social, etc…

Atualize sua experiência profissional nas redes sociais, antes de entrar na empresa! Faça-o através do seu celular, durante os 15 ou 20 minutos imediatamente antes de começar o seu primeiro dia de trabalho. Essa é mais uma razão para chegar mais cedo!

Siga as atualizações da empresa, e os compartilhamentos dos seus colegas, e adicione os novos membros da equipe à sua rede de contatos à medida que os for conhecendo. É possível que, se fizer bem o seu trabalho durante o primeiro dia, no final da tarde toda a equipe já o tenha convidado para integrar a sua rede de contatos. Lembre-se de que todos ficarão curiosos por tentar descobrir quem é o novo colaborador tão simpático e sorridente e, com isso, a primeira coisa que farão será pesquisar informações sobre você nas redes sociais!

Por favor, faça anotações

Não há nada mais irritante do que alguém ser obrigado a repetir o mesmo assunto mais que uma vez!

Anote tudo o que lhe ensinarem: onde estão as instruções de trabalho, que regras deverá cumprir, com quem deverá falar quando tiver dúvidas. Anote tudo porque irá necessitar dessa informação no futuro:

– Problemas com EXCEL? → Falar com a Cátia.

– Criar uma *mailing list?* → Reunir com a Irina.

– Rever o manual de procedimentos? → A Cristiana trabalha em Sistemas de Gestão da Qualidade.

Erre à vontade, mas... assuma que errou e corrija

Tenha sempre em mente uma famosa frase: *"Não peça permissão, peça desculpas se algo der errado."*

Você irá começar algo novo em sua vida profissional, por isso, é normal que cometa alguns erros.

Quando isso acontecer, assuma os erros, apresente soluções, corrija rapidamente a situação e... aprenda com a falha, será muito útil a você a fim de que evite outros erros no futuro.

Nem pense em começar com reclamações!

Os novos colaboradores, com sede de atenção, podem ter tendência para começar a reclamarem a fim e que que os outros tenham pena e decidam se unir ao coitadinho.

Nem pense em fazer isso!

A melhor maneira de acabar com o sofrimento do "bichinho" é matá-lo rapidamente! Tenha cuidado porque podem decidir "matá-lo" logo no primeiro dia de trabalho.

Se você gosta de reclamações, duvido que tenha conseguido ler este livro até aqui, e muito menos que tenha executado as dicas que compartilhei.

Os super-heróis das reclamações nunca conseguem ser bem-sucedidos, porque mais cedo ou mais tarde destroem tudo à sua volta. No primeiro dia de trabalho, eles começam contando muitos detalhes da vida pessoal. No segundo dia, são vítimas de injustiças e criam intrigas entre os membros da equipe... São uns desgraçados e assim só atraem desgraça.

Não queira ser um desses coitadinhos!

Acha que tem os filhos mais bonitos do mundo?

Todo mundo pensa que tem os filhos mais bonitos do mundo!

Ninguém tem coragem de dizer *"O seu bebê é um pouquinho feio, não acha?"*

Guarde as fotos dos seus filhos para você, ninguém está interessado em vê-las… muito menos no primeiro dia de trabalho.

Confiança, acima de tudo!

Assim como no dia em que foi entrevistado, no primeiro dia de trabalho é normal que você esteja um pouco nervoso.

Não deixe que isso o impeça de estar confiante.

Em breve será você o responsável por acompanhar um novo colaborador, durante o primeiro dia de trabalho!

Como sempre, vou atualizando regularmente as dicas no site deste livro:

www.emprego30dias.com/primeiro-dia-trabalho

Notas finais

Gostaria de poder receber os seus comentários acerca das dicas que compartilhei neste livro.

De que forma o ajudaram a conseguir um emprego ou a melhorar a sua situação profissional?

Compartilhe a sua opinião no *site* ou nas redes sociais do livro:

www.emprego30dias.com

www.facebook.com/emprego30dias plus.google.com/+Emprego-30dias-plus

www.linkedin.com/company/como-conseguir-emprego-em-30-dias

Grupo no Facebook: bit.ly/grupofbemprego30dias

Notas finais

Não se esqueça de usar a *hashtag* **#emprego30dias** para que eu possa seguir atentamente os seus comentários.

Se necessitar de algum apoio, não hesite em entrar em contato comigo através do e-mail pedro@emprego30dias.com.

Espero encontrá-lo em breve em um dos próximos *workshops* "Como conseguir um emprego em 30 dias".

Até já,

Pedro Silva-Santos

Agradecimentos

Escrever este livro não foi um projeto individual. Precisei me cercar de uma equipe de pessoas que acreditaram, desde o primeiro dia, que esse projeto tinha de ser divulgado.

Ao meu amigo e *designer* Ricardo Matias, com quem tanto discuto (às vezes de forma bastante feia!), muito obrigado pela forma como consegue materializar as ideias, por vezes tolas, que eu tento executar. Você acompanhou o projeto desde o início e me ajudou torná-lo algo muito válido.

À Nini, por todo o amor e compreensão tanto nos dias em que eu falo sem parar quanto nos dias em que só apareço em casa para jantar e dormir. Esse projeto também é seu porque me você me ajudou a melhorá-lo constantemente.

Aos 13 revisores (Amílcar Marrocano, Ana Geraldes, António Jorge Valadares, Bárbara Pereira, Diana Oliveira, Fabíola Freitas, Natasha Pádua, Nini Gonçalves, Paulo Guerra, Paulo Santos, Sílvia Figueiredo, Sónia Lourenço e Tiago Freitas) que ofereceram as suas horas gratuitamente para identificar oportunidades de melhoria nos textos de cada um dos capítulos. Muito obrigado pelas críticas construtivas e por todas as sugestões que vieram enriquecer o conteúdo de forma ainda mais prática, simples e objetiva.

À equipe da NOCTULA (Cátia de Sousa, Cristiana Pacheco Cardoso, Estela Fernandes e Sofia Marques Correia) por terem acompanhado as várias fases desse projeto, ajudando na organização dos *workshops* e na revisão final dos textos, tanto do livro quanto do respectivo *site* **www.emprego30dias.com**.

Aos meus pais por terem "fabricado" um filho tão belo e por nunca tentarem conter as minhas ideias, mesmo quando não fazem qualquer sentido.

Por fim, gostaria de mostrar minha gratidão a todos aqueles que fizeram parte da organização e participaram dos workshops "Como conseguir um emprego em 30 dias". Sem vocês, esse evento não existiria e este livro nunca teria visto a luz do dia.

Comentários

"Interessante a ideia da existência de uma página na web na qual podem ser encontradas atualizações e outra informação pertinente. Apesar de toda a tecnologia existente, ainda não é comum encontrar edições com essas características."

PAULO GUERRA, Gestor de projetos

"Adorei a forma como está escrito! Ao ler o livro, parecia que estava assistindo de novo ao workshop."

FABÍOLA FREITAS, Mestre em Engenharia do Ambiente

"Gostei muito do fato deste livro estar organizado por dias e apresentar exemplos dos textos que devem ser utilizados ao entrar em contato alguém no LinkedIn. Dicas vagas sobre como ser bem-sucedido há aos montes… mas passo a passo, dessa forma, é a primeira vez que vejo reunido num único documento, o que torna este livro essencial para quem está iniciando agora a sua carreira."

NATASHA PÁDUA, Gestora da Inovação na área alimentar e fundadora do portal www.eatinnovation.com

Comentários

"Um livro com excelentes dicas práticas que qualquer pessoa poderá implementar em seu dia a dia. Para mim, um dos pontos mais positivos é a forma simples como o livro apresenta cada um dos temas, prendendo a atenção do leitor."

ANA GERALDES, Professora da Escola Agrária do Instituto Politécnico de Bragança

*"Comecei a trabalhar antes de terminar o meu curso e acabei não concluindo ele pelas razões erradas: arranjar um emprego qualquer, desde que me permitisse ganhar algum dinheiro!
Demorei quase 20 anos para perceber, sozinha, grande parte daquilo que o autor compartilha neste livro."*

NINI GONÇALVES, blogger

"Este é um livro de alguém que adora contar histórias. Fiquei fascinada com a forma engenhosa como o autor distrai as secretárias ao telefone!"

IRINA TAVARES, Secretária
www.emprego30dias.com